김진실의
NCS 취업(채용)
코칭솔루션

취업(채용) 전문가가 제시하는
정확하고 본질적인 코칭솔루션

NCS JOB
COACHING
SOLUTIONS

김진실 지음

Skills Future KR
한국스킬문화연구원

목 차

책을 발간하며   006

PART1 | 취업(채용) 동향의 이해

Ⅰ. 취업(채용)의 의미
1. 청년에게 취업의 의미   013
2. 기업에게 채용의 의미   017
3. 청년을 위한 취업 준비 프로세스   022
4. 기업을 위한 채용 평가 프로세스   026

Ⅱ. 직무능력 중심 취업(채용) 동향
1. 직무능력 중심 취업(채용) 패러다임 변화   028
2. 직무능력 중심 취업(채용) 핵심 절차   032
3. 직무능력 중심 취업(채용)에서 직무기술서의 의미   035
4. NCS 등을 활용한 직무기술서 개발   038

Ⅲ. 직무능력 중심 취업(채용) 표준화 도구
1. 능력중심채용모델의 의미   044
2. 서류전형(입사지원서와 자기소개서)   048
3. 필기전형(직업기초능력과 직무수행능력)   055
4. 면접전형(직업기초능력과 직무수행능력)   058

PART2 | 청년을 위한 취업코칭솔루션

Ⅰ. 청년을 위한 기업(직무) 분석
1. 지원하고자 하는 기업의 최근 채용 공고문 확인 — 063
2. 해당 직무 분야에서의 수행업무 파악 — 065
3. 지원 희망 기업의 채용 프로세스별 특징 파악 — 068
4. 지원 희망 기업의 평가 역량 분석 — 071

Ⅱ. 청년을 위한 입사지원서 및 자기소개서 준비
1. 입사지원서, 직무능력소개서, 자기소개서 작성 — 075
2. 지원하려는 직무 분야에 관련된 자격 사항 — 078
3. 직무 역량 관점에서의 본인의 강점 어필 전략 — 078
4. 핵심 역량 관점에서의 본인의 강점 어필 전략 — 079
5. 자기소개서 작성 원리 파악 — 080
6. 자기소개서 작성 전략 파악 — 081

Ⅲ. 직업기초능력 및 직무수행능력 평가 준비
1. 채용 공고문에서 시험 형태, 평가 영역, 문항 수 확인 — 083
2. 직업기초능력평가 유형 및 풀이 전략 — 084
3. 직무수행능력평가 유형 및 풀이 전략 — 086

Ⅳ. 면접전략 및 태도 등 면접준비
1. 경험 면접의 전략 파악 — 090
2. 본인 경험의 차별성 파악 — 092
3. 발표 면접 전략 파악 — 092
4. 자신의 주장을 논리 정연하게 표현 — 093
5. 토론/상황 면접의 종류 파악 — 094
6. 토론/상황 면접의 유의 사항 — 095
7. 본인이 가지고 있는 부정적 행동지표 파악 — 095

PART3 | 기업을 위한 채용 코칭 솔루션

I. 채용의 기획 및 운영

1. 채용 평가 프로세스 설계 시 고려 사항 검토 　　　100
2. 채용 평가 프로세스별 주요 활동 사항 이해 　　　102
3. 채용절차법 등의 위반 사항 확인 및 적용 　　　105
4. 직무수행능력 선발기준 선정 및 평가도구와의 매칭 　　　110
5. NCS 활용 채용 단계별 평가 요소 설계 　　　112
6. 평가 요소를 고려한 선발전형 설계 　　　114
7. 직무능력 평가기법 결정 및 전형별 평가형식 설계 　　　118
8. 평가 요소에 대한 행동지표 도출 　　　119
9. 선발시스템 설계원칙 이해 및 적용 　　　122

II. 채용 공고문 개발

1. 채용 공고문 작성에 필요한 항목 　　　125
2. 입사지원서에 인적 사항 요구 금지사항 　　　128
3. 직무능력 평가를 위한 필요사항 　　　130

III. 서술형 평가 문항 개발

1. 자기소개서 평가 기준과 체크포인트 　　　132
2. 경력(경험) 기술서의 평가 기준과 체크포인트 　　　134
3. 필기전형에서 정성평가에 대한 고려 사항 및 평가 방법 　　　135

IV. 면접전형 운영

1. 면접전형에서의 구조화 면접 　　　138
2. 면접전형 개발 절차 및 단계별 주요 과제 　　　139
3. NCS 직무설명서 통한 면접 평가 요소 선정 및 매칭 　　　142
4. 면접의 운영 절차 및 계획 수립 　　　144

V. 채용검증 의뢰 절차

1. 채용검증 의뢰 절차   146

PART4 | 분야별 직무 코칭 솔루션(예시)

I. 「인사분야」 직무 코칭 솔루션

1. 「인사분야」 직무 특징   149
2. 「인사분야」 직무 트렌드   151
3. 「인사분야」 경력개발경로   152
4. 「인사분야」 NCS 기반 직무기술서 구성   153
5. 「인사분야」 직무기술서 예시   157
6. 「인사분야」 자기소개서 문항   158
7. 「인사분야」 NCS 기반 면접 질문 및 답변 예시   162

II. 「IT분야」 직무 코칭 솔루션

1. 「IT분야」 직무 특징   163
2. 「IT분야」 직무 트렌드   164
3. 「IT분야」 경력개발경로   165
4. 「IT분야」 NCS 기반 직무기술서 구성   167
5. 「IT분야」 직무기술서 예시   172
6. 「IT분야」 자기소개서 문항   173
7. 「IT분야」 NCS 기반 면접 질문 및 답변 예시   176

부록   178
표   205
그림   209
참고문헌   213

책을 발간하며

저는 한국산업인력공단의 16년(국가직무능력표준원장 3년 포함)의 삶을 정리하고 지난 '24년 4월 5일 공단을 퇴임하면서, 「한국의 SkillsFuture(스킬즈퓨처)」라는 책을 발간하게 되었습니다.

「한국의 SkillsFuture(스킬즈퓨처)」는 꿈과 끼에 따라 자신의 진로를 찾고, 그 진로에 따라 능력을 키워서, 제대로 평가받아 자격으로 인정받고, 그 자격이 채용 시장에서 신호 역할이 되어 노동시장으로 진출한 후, 그 분야 전문가로 성장하여 사회적으로 대우받는 사회인 능력 중심 사회를 만드는 데 있어서, 거시적인 빅 픽쳐를 그릴 수 있길 희망하면서 정리된 책입니다.

첫 번째 책을 집필하는 과정에 보다 대중적인 책의 필요성을 느끼면서 다시 노트북 앞에 앉았습니다. 특히, 저는 한국산업인력공단에서 국가직무능력표준NCS과 직업기초능력 관련 직무를 수행하는 중 2015년 공공기관 능력중심채용 제도를 현장에 확산하는 장본인(당시 공공기관 NCS확산지원부단장, NCS기획운영단장, 블라인드채용지원단장, 능력중심채용팀장 등)으로서 채용업무를 담당하였습니다.

또한, 연합뉴스TV와 함께 한 한국직업방송에서 "대한민국 NCS 사용설명서" 특강, 한국경제TV와 함께 한 한국직업방송에서 "NCS 활용가이드"특강(이는 유튜브에서 검색 가능), 공공기관 채용박람회 및 고졸인재채용엑스포 등에서 취업 및 채용 방향에 대해서 강의를 하면서, 청년에겐 취업이, 기업에겐 채용이 왜 중요하고 어떻게 준비해야 하는지 정리할 필요성을 느꼈습니다. 즉, 청년들은 취업을 준비하는데 도움이 되고, 기업들은 채용을 준비하는데 활용되는 책을 써야겠다는 생각을 갖고, 기존의 다양한 가이드북 등을 참고하여 자료를 정리하였습니다.

"우리나라 청년들에게 직업이란 어떤 의미를 가지고 있을까요?" 인생에서 직업을 선택하는 것은 중요한 일입니다. 삶의 반년 이상을 함께 하는 동반자를 선택하는 일과도 같은 것입니다. 따라서 어떤 직업 혹은 직무를 향해 나아갈지 정하는 것은 신중해야 할 것입니다. 하지만 이런 고민에 여유를 부릴 만큼 현 취업 시장은 녹록지 않은 상황입니다. 내가 하고 싶은 일을 고민하기에 앞서 내가 현재 가진 스펙으로 들어갈 수 있는 곳을 찾아 취업 시장의 문을 두드리게 만들고 있는 것이 현실입니다.

대학 4학년, 앞으로 무슨 일을 해야 할지 고민하기보다는 내가 지금 가지고 있는 스펙으로 들어갈 수 있는 최상의 기업을 찾아 이른바 '묻지 마 지원'을 시도하며 취업활동을 해 나갑니다. 그래서 막상 입사를 해도 만족하지 못한 채 이직을 하는 등, 취업반수자에 동참하는 모양새를 만들고 있습니다.

노동시장에 적절한 신호의 기준을 그 어느 누구도 제시하지 못했기 때문에 스펙이라는 '자기 능력 설명서'는 두서없이 비대해져 갔고, 그것은 선택받기 위한 어쩔 수 없는 선택이었습니다. 이러한 측면에서 스펙은 '지원자가 가진 두서없는 능력들의 합집합'으로 다시 정의내릴 수 있습니다. 직무와 무관해 보이는 능력들이라고 비판을 받더라도 그 능력들이 '언젠가 쓰일 능력'이라 기대하고 선행학습 차원으로 쌓은 것일 수도 있습니다. 채집한 능력이 입직 단계에 쓰이지 않는 시기상의 문제일 수 있다는 것입니다. 두서가 없다면 정리해 주면 됩니다. 이러한 관점에서 스펙은 타파되어야 할 대상이 아니라 기업이 원하는 대로 순서와 체계를 다시 정해줘야 마땅한 대상인 것입니다. 즉, 재배열의 대상인 것입니다.

이때 등장한 것인 NCSNational Competency Standards: 국가직무 능력표준입니다. 직무수행능력과 직업기초능력을 포함한 직무능력(온스펙)의 재배열 함수인 것입니다. NCS는 "개인이 산업현장에서 자신의 업무를 성공적으로 수행하기 위해 요구되는 직업능력(지식, 기술, 태도)을 부문별, 수준별로 체계화한 것"을 의미입니다. NCS를 개발하면 8단계 수준체계에 따라 능력단위 및 능력단위요소별 수준을 평정하여 제시합니다. 이러한 NCS의 수준체계에서 스펙의 타파가 아닌 무질서한 능력들의 재배열 가능성을 생각해 보았습니다.

이렇게 NCS를 활용하여 재배열한 스펙은 취업 이전에 갖춰야 할 능력종합선물세트가 아니라 능력개발경로가 될 것입니다. 또한 NCS가 교육·훈련에 활용된다는 점을 생각해 보면, NCS를 활용한 맞춰 교육받은 입직 희망자가 어떠한 능력을 갖추고 있는지 몇 수준에 매칭되는지 비교적 정확한 신호로 작용하여 기업이 신뢰하고 채용을 할 수 있게 될 것입니다. 스펙의 '사용 설명서'라는 사전적 의미를 되짚어봤을 때, 어떤 지원자가 어떤 능력을 갖추고 있고 몇 수준인지 신호 역할을 하는, 즉, 능력설명서의 역할을 하는 NCS가 진정한 의미의 스펙이 되지 않을까 생각합니다.

직무능력중심 채용은 기업이 직무별로 원하는 요건을 제시하고, 지원자는 채용공고에서 요구하는 부분에 대하여 자신의 준비도를 증명하는 것이다. 이를 통해 지원자들은 명확한 진로목표를 갖게 되고, 필요한 능력만 쌓을 수 있어 불필요한 시간과 비용을 절약할 수 있습니다.

이 책은 크게 「제1장. 취업(채용) 동향 이해」, 「제2장. 청년을 위한 취업 코칭 솔루션」, 「제3장. 기업을 위한 채용 코칭 솔루션」, 「제4장. 분야별 직무 코칭 솔루션(예시)」으로 구성되어 있습니다.

「제1장. 취업(채용) 동향 이해」에서는 취업(채용)의 의미, 직무능력 중심 취업(채용) 동향, 직무능력 중심 취업(채용) 표준화 도구에 대해서 제시하였습니다.

「제2장. 청년을 위한 취업 코칭 솔루션」에서는 청년을 위한 기업(직무) 분석, 입사지원서 및 자기소개서 준비, 직업기초능력 및 직무수행능력 평가 준비, 면접전략 및 태도 등 면접 준비에 대해서 제시하였습니다.

「제3장. 기업을 위한 채용 코칭 솔루션」에서는 채용의 기획 및 운영, 채용 평가 프로세스 설계 시 고려사항 검토, 채용 공고문 개발, 서술형 평가 문항 개발, 면접전형 운영, 채용검증 의뢰 절차를 제시하였습니다.

「제4장. 분야별 직무 코칭 솔루션(예시)」에서는 「인사, IT분야」 직무 특징, 직무 트렌드, 경력개발경로, NCS 기반 직무기술서 구성, 직무기술서 예시, 자기소개서 문항(지원 동기, 직무 경험, 문제해결), NCS 기반 면접 질문 및 답변에 대한 예시를 제시하였습니다.

직무능력을 구체적으로 알려주는 '꿈 설명서'인 NCS!

2024년 5월 현재, 1,093개 NCS가 개발되어 있습니다.

13,237개 직무수행능력단위 및 10개 대영역의 34개 하위영역 100개 능력요소를 지닌 직업기초능력을 통해 다양한 직무를 탐색하며, 각자에게 꼭 맞는 진로목표를 세울 수 있습니다. NCS로 '무엇을 알고 있느냐'보다는 '실제 현장에서 일을 제대로 할 수 있느냐'는 현장에서 쓰일 수 있는 교육으로 바뀔 수 있습니다.

기업 입장에서는 잠재적인 인재를 유치하고 최고 수준의 인재를 유지하기 위한 고용 브랜딩을 구축할 수 있습니다. 기업은 고용 브랜딩을 통해 자사의 이미지·가치·문화·복지·환경 등을 인재들에게 전달하고 그들의 관심과 참여를 유도함으로써 경쟁력 있는 인재를 확보하고 유지할 수 있습니다.

NCS 취업(채용)코칭 솔루션은

청년에겐 취업을!! 기업에겐 채용을!! 쉽게 준비할 수 있게 도움이 되길 희망합니다. 모두들 건강하시고 행복하시길 기원합니다.

지은이 **김진실**

PART 1.

취업(채용) 동향의 이해

Ⅰ. 취업(채용)의 의미

Ⅱ. 취업(채용) 동향

Ⅲ. 직무능력 중심 취업(채용) 표준화 도구

1장에서는 청년에겐 취업을, 기업엔 채용을 이해할 수 있도록, 취업(채용)의 의미, 취업(채용) 동향, 직무능력 중심 취업(채용) 표준화 도구에 대해 제시한다.

취업(채용)의 의미

이 장에서는 청년에게 취업의 의미와 기업에게 채용의 의미를 제시하고, 청년에게 취업 준비 프로세스와 기업에게 채용 평가 프로세스는 어떠한지 제시한다.

학습목표
1. 청년에게 취업의 의미를 설명할 수 있다.
2. 기업에게 채용의 의미를 설명할 수 있다
3. 청년을 위한 취업 준비 프로세스를 설명할 수 있다.
4. 기업을 위한 채용 평가 프로세스를 설명할 수 있다.

1. 청년에게 취업의 의미

우리 청년들의 미래는 어떠한가? '나는 누구인지', '내가 진정 원하는 삶은 무엇인지', '지금 세상이 어떤 방향으로 흘러가는지', 그리고 '내가 원하는 삶을 실현하기 위해 나는 어떻게 살아야 하는지'를 고민하는 청년들은 과연 얼마나 될까?

국가 차원에서는 눈부신 경제발전을 하였음에도 불구하고 대다수 국민들은 그리 행복하지 못한 듯하다. 행복이란 객관적으로 '이것'이라고 말할 수 있는 어떤 현상 또는 특성이 아니라 어디까지나 주관적 문제이다. 행복지수를 '욕망의 달성도/욕망'으로 규정한다면, 이를 높이기 위한 전략은 분자를 크게 하고 분모는 작게 만드는 방법을 구사하는 것이다. 하지만 말로는 쉽다. 소유와 눈에 보이는 스펙을 중요시하는 물질만능 사회, 외모지상주의, 치열한 경쟁사회 속에서는 자신의 욕망을 줄이고 행복감을 높인다는 것은 그리 쉬운 것이 아니다.

인간은 세상에 태어나서 평균 80세~100세 가깝게 살고 있다. 이 긴 여정을, 무엇을 목적으로 어떻게 살아갈 것인가는 대단히 중요하다. 왜냐하면 "왜, 그리고 어떻게 살 것인가"라는 물음에 대한 기본적인 성찰 없이는 삶의 현장에서 부딪치는 크고 작은 문제들에 대하여 자신 있는 태도를 취할 수 없기 때문이다. 일찍이 아리스토텔레스는 누구에게 있어서나 삶의 궁극적인 목적은 '행복'에 있다고 보았다. 즉, 사람들은 각각 다른 길에서 무엇인가를 성취하고자 애쓰고 있지만 결국에 가서는 모두가 행복을 얻고자 한다는 점에서 같다는 것이다.

행복이란 삶 전체에 대하여 한 인간이 느끼는 깊은 만족을 의미한다. 행복한 삶이 되기 위해서는 기본생활을 영위할 수 있는 경제적 안정이 있어야 하고 신체적 건강뿐만 아니라 정신적으로 건강하여야 하며, 자아실현을 할 수 있어야 한다. 이러한 점에서 행복은 일(직업)을 통해서 얻을 수 있다. 일은 그 대가에 경제적 보수가 수반되어 생계유지의 수단이 되기도 하고, 생활을 규칙화하여 건강을 가져다주기도 하며, 사회에 참여할 수 있는 기회를 주고 소속감과 안정감을 가지게 하며 궁극적으로는 인간의 최대 욕구인 자아실현을 추구하게 한다. 결국 인간의 삶의 목적은 행복의 추구에 있고 행복은 일을 통해서 성취되는 것이다.

'니트족'과 같은 현상들은 바로 이러한 의식의 부재에서 비롯된다. 일을 행복의 성취를 위한 것이 아닌 '돈을 벌기 위한 수단'으로만 생각하는 이상 우리 사회의 '니트족'들은 계속 양산될 수밖에 없다. 한국의 명문대 출신들의 직업을 선택하는 현상도 다시 한

번 생각할 필요가 있다. 지금 당장 돈을 많이 버는 직업을 선택하기 위해 대학과 학과를 선택한다. 그렇다면 과연 졸업할 당시 이들의 고민은 없어지게 될까? 이들 역시 졸업할 무렵 과밀 현상으로 인하여 어디로 가야 할지, 어떻게 해야 할지 고민을 많이 하게 된다. 공부도 단순히 열심히 하기보다는 보다 현명하게 할 필요가 있는 것이다. 다양한 사회 경험을 통해 일을 배우고, 거기서 돈의 가치를 배우며, 직업의식을 체득해야 한다.

인생을 설계하는 과정에서 직업 선택은 매우 중요하다. 직업은 일상적인 생활을 영위하는 수단임과 동시에 사회적 소속감과 심리적 안정감을 주어 개인이 추구하는 부, 명예, 권력과 같은 가치를 실현하게 준다. 또한 직업은 개인이 개성 발휘하고 자아실현을 가능하게 한다. 마지막으로 직업은 개인이 사회에서 주로 접촉하는 대상과 범위를 규정해 주며, 개인의 의식 속에 내면화되어 같은 직업을 가진 사람들 사이에서 공통된 개성을 찾을 수 있게 한다.

직업은 앞으로의 인생 전반에 영향을 미치기도 한다. 따라서 직업의 결정, 즉, "취업"은 자기 인생의 방식을 결정하는 것을 포함한다고 할 수 있다. 단순히 직장을 준비하는 것이 아니라 인생 준비라고도 할 수 있는 것이다.

미래 사회는 지금보다 더 빠르게 변해갈 것이다. 이제 평생직장의 시대는 끝났다고 한다. 수시 채용, 경력직 채용, 커리어 플랫폼 활성화 등 노동시장은 더 이상 연공서열이 아닌 개인의 능력에 초점을 맞출 것이다. 이러한 시대를 대비하기 위해서는 안정된 '직장'을 찾을 것이 아니라, 평생 일할 '직업(직무)'을 찾는 직업인이 되어야 한다.

그동안의 한국 사회는 개인의 생애에 정해진 답이 있고, 그 답의 방향으로 가길 권해왔다. 특히 우리 청소년들을 특정 방향으로 길들이려 했다. 아이들을 공부하는 기계로 만들어 성적으로 서열을 매기고, 앞서거나 뒤처진 이들과 끊임없이 비교하며 경쟁하게 만들었다. 사회와 부모가 아이들을 이렇게 길들이는 과정에서 왜곡되거나 병적인 현상도 수없이 나타났다. 많은 아이들이 삶에 기쁨을 느끼지 못하고 염증을 느끼거나, 자신에 대한 긍지와 자부심을 갖지 못하고 부모님을 만족시키지 못하고 있다는 죄책감, 본인 존재에 대한 열패감에 시달리고 있다. 니체는 '그대 자신이 되어라.'라고 말한다. 우리는 자신의 성격과 적성 그리고 환경 등을 고려해서, 그것을 긍정적으로 승화시키고 자신에게 맞는 직업을 찾기 위해 노력해야 한다.

점차 우리 사회는 우수한 성적과 학벌, 스펙이라는 단 하나의 답이 아니라, 개인마다 가지고 있는 다양한 능력을 인정하는 다양성의 시대로 변해가고 있다. 보여주기식의 스펙 중심 채용이 아니라 실제 일하고자 하는 분야에서 역량을 발휘할 수 있는 직무능력 중심 채용으로 취업문화가 변화하고 있다. 모두가 원하는 '직장'에 취업하기 위해 남들보다 월등한 스펙을 쌓는 것만이 답이 아니다. 자신이 가지고 있는 차별화된 능력을 바탕으로 직무를 정하고 경력을 쌓아나가는 '직업'을 찾아 나가는 것이 중요한 시대로 바뀌고 있다.

이 과정에서 우리는 국가직무능력표준(NCS: National Competency Standards, 이하 'NCS')을 통해 자신의 분야에 적합한 능력을 파악하고 비전에 맞게 능력을 개발할 수 있다. 능력은 계속하여 개발할 수 있는 것이다. 능력은 자기 주도적 행동으로 만들어 나가는 것이고, 머리로만 하는 암기식 공부가 아니다. 일하는 분야에서 필요한 행동을 표준화된 자료인 NCS를 통해 파악하고, 행동을 중심으로 피드백을 받고, 자기반성을 거쳐 자신의 행동을 주체적으로 갱신해 나가는 훈련을 통해서 내 직업을 위한 직무능력을 키워 나갈 수 있다.

과연 우리는 어떻게 살아가고 있을까? 또 우리가 바라보는 세상은 어떠한가? 모든 사람은 여러 종류의 위계 속에 등급별로 놓이고 위계에서 차지하는 위치가 그 사람의 본질적 가치를 결정한다고 생각하고 있는 것은 아닐까? 우리는 사실 끊임없이 타인과 자신의 위치를 비교하면서 높은 위치에 있는 사람에게 무시당하지 않으려고, 혹은 높은 위치에서 우월감을 가지려고 부산하게 움직이고 있는 것이 아닐까? 우리는 무엇을 지향하며 살아가고 있는지 스스로 고민해 보아야 한다. 위계를 지향하며 사는 인생은 활동의 본질, 속성 자체의 가치를 고민하기 힘들다. 내 일의 본질 그 자체보다 일을 수행하며 얻는 위치에 집중하게 되기 때문이다.

요리사를 예로 들어보자. 남보다 높은 위치에 오르는 것에 우선순위를 둔다면 더 큰 식당에 취업하는 것, 일등 요리사가 되는 것처럼 본질보다는 위계에 가치를 두게 될 것이다. 하지만 요리사의 본질은 맛있는 음식을 만드는 것이다. 활동과 속성 자체의 가치가 우선되려면 직업을 가지고 일을 수행하는 개인이 직업의식을 가지고, 일의 본질을 가장 먼저 생각해야 한다. 이러한 과정을 통해 진정한 직업인으로서 거듭날 수 있다.

2. 기업에게 채용의 의미

기업은 채용을 통하여 우수한 인재를 모집하고 선발하여, 이렇게 모집·선발된 인재들을 통하여 기업의 성과를 이끌어내는 과정으로, 기업의 지속 성장을 추구하는 매우 중요한 과정이다. 채용이란 지원자들 중 입사 후 성과를 낼 수 있는 가장 적합한 인재Right People를 선택하는 의사결정과정이다. 따라서 채용관리는 인적자원을 과학적이고 효과적으로 선정하는 과정으로, 타당성과 신뢰성이 매우 중요하다(이승철 외, 2017).

선발에 대한 타당화 과정은 적합한 인재의 선발 여부와 선발 도구 및 전형 단계의 개선 사항들을 도출하는 2가지 차원에서 중요한 역할을 한다. 먼저 적합한 인재의 선발 여부 확인 측면에서는 기업에서 원하는 역량을 갖춘 인재를 선발했는가와 기업에서 추구하는 문화 및 가치와 부합하는 인재를 선발했는가에 초점을 맞춘다. 선발 도구 및 전형 단계의 개선 사항 도출 측면에서는 선발 도구(자기소개서, 직무수행능력 평가, 그룹 토의GD, 발표 면접PT, 실무진 면접 등) 자체에 대한 개선 사항과 선발 과정 관련 개선 사항으로 구분할 수 있으며, 선발 도구 자체의 개선 사항은 채용 시 사용되는 선발 도구 자체의 개선 사항들을 확인하여 이를 보완하기 위한 근거를 제공한다. 선발 과정에 대한 개선 사항은 전체적인 선발 과정(서류전형, 필기전형, 면접전형)의 효과성을 살펴보고 과정의 각 단계의 개선 사항들을 확인하고 이를 보완하기 위한 근거를 제공한다.

한편, 타당도 분석 이전에 신뢰도에 대한 분석이 선행적으로 이뤄지는데, 이는 신뢰도가 없는 선발 도구의 경우 타당성 분석 자체가 의미 없기 때문이다. 평가의 신뢰성이란 측정에 있어서 그 결과의 반복성Repeatability, 안정성Stability, 일관성Consistency, 정확성Accuracy을 평가하는데, 이는 평가 결과가 시간을 두고 반복되었을 때 그 결과가 일치하는 정도와 평가 결과가 오류가 아닌 진정한 평가에 의해 결정된 정도를 분석하는 것을 말한다(김면식 외, 2023).

기업에서 인재를 선발하고 육성하고 관리하는 조직은 HR 조직이다. HR 조직은 가장 크게 HRM과 HRD로 나눌 수 있다. HRM는 인사 담당, HRD는 교육 담당으로 이해하고 있는 경우가 많지만, 최근엔 스타트업과 외국계 기업들의 국내 진출이 증가하면서 다양한 직무들을 접할 수 있어, HR 조직 또한 과거에 비해 좀 더 세분화되고 있다(HR 인사이트, 2022).

1989년 McLagan은 HR의 업무 범위를 쉽게 설명하기 위해 미국훈련개발협회ASTD에 'HR Wheel' 이론을 제시했다. HR Wheel 이론은 시간이 많이 흐른 현재에도 크게 변형되지 않은 채 많은 HRer들에게 통용되고 있다. HRM과 HRD의 업무 영역은 다양하므로 인사와 교육, 한 단어로 정의 내릴 수 없으며, 최근 다양한 기업들이 성장하면서 인재의 확보, 양성, 유지에 대한 중요성이 더욱 커지고 있다.

[그림 1] Mclagan의 HRD Wheel

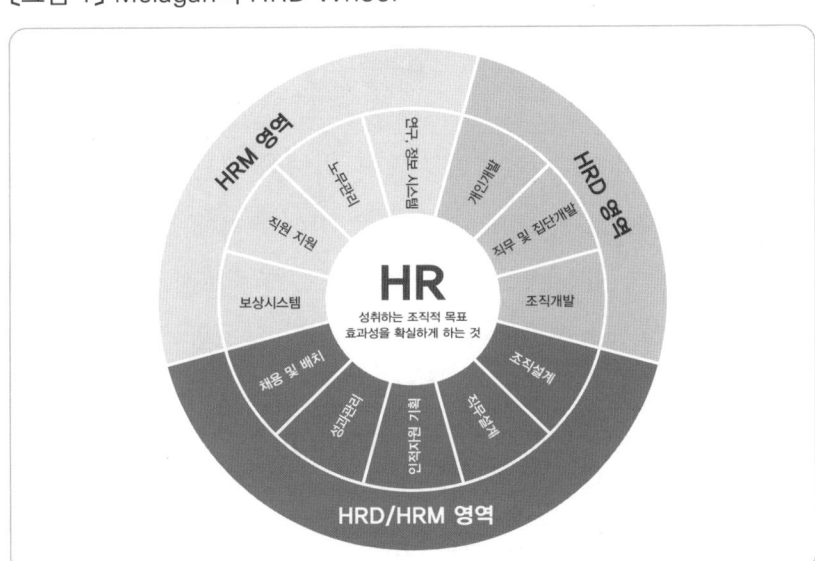

HRM이란, Human Resource Management의 약자로 기업(조직)의 목표 달성을 위해 인적자원을 확보 및 배치하고, 평가, 관리 등의 업무를 담당하고 있다. 또한 조직의 성과와 생산성을 높이기 위해 미래의 인적자원을 관리하고, 계획하고, 개발하는 역할도 한다. 따라서 HRM 직무는 올바른 인력을 올바른 직무에 배치하여 조직의 인력을 효율적으로 활용할 수 있는 업무를 수행하는 것이라고 말할 수 있다. HRM 업무의 대부분이 인력관리에 초점이 맞춰져 있지만, 자세히 살펴보면 HRM은 인력관리 이외에도 승진시스템, 성과제도 등 인사에 필요한 제도를 기획 및 실행하고, 임금, 보상 및 복리후생, 노무 등을 설계하는 업무도 진행한다.

이에 반하여, HRD란, Human Resource Development의 약자로 조직이 추구하는 목표를 달성하기 위해 조직과 개인의 역량을 개발하는 업무를 담당한다. 즉, 각 업무의 생산성과 효율성을 이전보다 높이기 위해 기술, 태도, 역량, 행동 등 직무별, 직급별로 필요한 인재개발교육을 진행하고 있으며, 교육을 통해 직원들의 업무역량을 개선 및 개발, 혁신함으로써 개인은 물론 기업의 성장을 돕는 역할을 한다.

전략적 인적자원관리로서의 채용은 기업이 필요한 직무를 대상으로 적정 스펙(job specification; 지식, 기술 및 경험 등으로 구성된 일할 수 있는 능력의 '합')을 보유한 사람을 뽑는 행위로서, 조직이 필요한 인적자원을 노동시장에서 확보하기 위한 활동의 총체를 일컫는다(권순원, 2021). 따라서 채용은 HRM의 출발이다. HRM은 채용을 시작으로 평가, 보상, 개발, 이직 관리 등이 연계된 일련의 통합적 프로세스로 구성된다. 최근 들어 인적자원관리 분야에서 채용의 중요성이 강조되는데, 이는 점점 치열해지는 경쟁환경에서 우수한 인재 하나가 기업의 경쟁력을 좌우할 수 있다고 판단하기 때문이다.

채용의 과정은 모집과 선발로 구분된다. 모집은 필요 인력이 기업에 지원하도록 만드는 다양한 활동으로 선발을 위한 지원자의 풀pool을 구성하는 과정이다. 모집 과정에 우수한 인력이 지원해야 적합한 인적자원의 선발이 가능하다. 모집 또한 전략적 선택의 과정으로 대상 직무의 특성과 선발의 규모에 따라 다양한 방법이 활용된다. 예컨대 전문적 능력을 요구하는 개발직 관리자를 채용하는 경우 모집의 방법은 집중적이고 선택적이어야 한다. 다중을 대상으로 한 공개 모집 대신 특정 집단 대상의 선택 모집이 효율적이며 적절한 자원을 선발하기 용이하다.

기업조직의 다양한 층위에서 경력직 인력을 내외부 노동시장에서 채용하는 미국의 경우 모집은 몬스터닷컴monster.com 같은 취업포털사이트나 추천서 등의 방법을 주로 활용한다. 반면 기업으로의 입직구를 조직 말단bottom에 고정하고 노동시장 무경험자 즉, 노동시장 신규진입자를 대규모로 채용하는 우리나라의 경우 캠퍼스 리크루팅, 취업박람회, 온라인 포털 등이 주요 모집 수단이다.

모집이 완료되면 선발을 진행하는데, 선발은 모집된 인원 가운데 기업이 필요한 인력을 뽑는 활동이다. 선발을 위해서는 조직의 목표, 직무의 성격, 업무 특성 등이 정의job description되어야 하며 이를 위해 필요한 스펙job specification이 설계되어야 한다. 선발을 위한 전형의 과정은 스펙의 조직 및 업무 적합성 여부를 확인하는 과정이며 이를 위해 서류전형, 인적성 검사(시험), 면접, 신체 능력 평가 등의 수단이 활용된다.

3. 청년을 위한 취업 준비 프로세스

청년을 위한 취업 준비란 자신의 인생 전체를 준비하는 과정으로, 자신이 공부하고자 하는 전공을 기반으로 종사하고자 하는 직업 분야를 선택하기 위한 과정이다.

취업을 위한 첫 번째 단계는 자신에 대하여 이해하는 '자기이해' 과정이다. 워크넷 www.work.go.kr은 자신을 알아가는 또 하나의 방법으로써 『직업심리검사』를 제공한다. 능력과 흥미, 성격 등 다양한 심리적 특성을 객관적으로 측정한 후, 이를 바탕으로 자신의 특성에 더욱 적합한 진로 분야를 선택할 수 있도록 방향을 제시한다. 특히 대학생·성인의 자기이해 및 직업탐색 검사는 다음 〈표 1〉과 같다.

〈표 1〉 대학생·성인의 자기이해 및 직업탐색 검사

구분	검사명	대상	소요시간	검사소개
1	직업선호도 검사 S형	18세 이상	25분	좋아하는 활동, 관심 있는 직업, 선호하는 분야를 탐색하여 직업흥미유형에 적합한 직업들을 제공
2	직업선호도 검사 L형	18세 이상	60분	좋아하는 활동, 관심 있는 직업, 선호하는 분야, 성격, 생활사 특성을 탐색하여 직업흥미유형에 적합한 직업들을 제공
3	성인용 직업적성검사	18세 이상	90분	직업선택시 중요한 능력과 적성을 토대로 적합한 직업을 선택할 수 있도록 도와주기 위한 검사
4	직업가치관 검사	18세 이상	20분	직업선택시 중요하게 생각하는 직업가치관을 측정하여 자신의 직업가치를 확인하고 그에 적합한 직업분야를 안내

구분	검사명	대상	소요시간	검사소개
5	대학생 진로 준비도 검사	대학생	20분	진로발달수준과 취업준비 행동수준에 대한 객관적인 정보를 바탕으로 효과적인 진로 및 취업서색을 지원
6	영업직무 기본역량검사	18세 이상	50분	영업직무수행과 관련한 역량을 인성과 적성의 측면에서 측정하여 영업직무에 대한 역량의 적합도를 확인
7	IT직무 기본역량검사	18세 이상	95분	IT직무수행과 관련한 역량을 인성과 적성의 측면에서 측정하여 IT직무에 대한 역량의 적합도를 확인

다양한 검사 중에 직업선호도검사(S형)는 전 세계적으로 진로 및 직업상담 장면에서 가장 많이 활용되고 있는 Holland 흥미이론에 기초하여 제작되었다. 개인이 좋아하는 활동, 자신감을 가지고 있는 분야, 관심 있는 직업 및 학문 분야 들을 측정하여 개인의 흥미에 적합한 직업을 안내한다. 검사는 Holland 흥미이론을 바탕으로 제작된 검사로서 6개 흥미요인(현실형, 탐구형, 예술형, 사회형, 진취형, 관습형)을 5개 척도인 활동, 유능성, 직업, 선호분야, 일반성향으로 구성하여 확인한다. 검사결과 제시되는 흥미유형코드를 토대로 적합한 직업이 제시된다. 직업은 한국직업전망을 비롯하여 한국고용직업분류, 한국표준직업분류, 한국표준산업분류, 국가직무능력표준(직무별 관련 직업) 등을 참고하면 찾아볼 수 있다.

취업을 준비하는 청년들은 대학에 들어가고 전공을 선택하는 과정에서 자신의 진로를 고민해 본 경험이 있을 것이다. 청년들의 이러한 고민을 해결하고자 고용노동부와 한국고용정보원은 『대학 전공별 진로가이드』를 개발하여 제공하고 있다. 이 역시 워크넷에서 찾아볼 수 있다.

〈표 2〉 대학 전공별 진로가이드

계열	전공
어문학	언어학, 국어국문학, 독어독문학, 노어노문학, 영어영문학, 일어일문학, 중어중문학, 불어불문학, 서어서문학
인문학	철학·윤리학, 역사고고학, 문헌정보학, 문화민속미술사학
사회과학	사회학, 법학, 사회복지학, 행정학, 언론·방송·매체학, 아동·가족학, 소비자·가정·자원학, 도시·지역·지리학, 인류학, 정치외교학, 국제학, 심리학, 국제지역학
교육학	교육학, 영어교육학, 지리교육학, 가정교육학
경영, 경제/자연과학	경영학, 경제학, 광고·홍보학, 금융·회계학, 비서·세무학, 부동산학, 무역학, 관광학, 통계학
예체능	체육학, 디자인학, 미술학, 음악학, 응용예술학

이 밖에 청년들에게 도움이 되는 홈페이지 정보는 다음과 같다.

[그림 2] 청년들에게 도움이 되는 홈페이지

워크넷	www.work.go.kr	진로 및 직업 정보, 채용 정보와 기업 정보를 한눈에
사이버진로교육센터	www.work.go.kr.cyberedu	무료 진로취업 온라인교육
국가직무능력표준	www.ncs.go.kr	직업별 직무의 업무 내용과 준비요건
큐넷	www.q-net.go.kr	국가/국가기술자격 정보
월드잡	www.worldjob.go.kr	해외연수, 해외봉사, 해외취창업 정보 포털
청년위원회	www.young.go.kr	장학금, 신용, 복지, 생활법률 등 청년을 위한 정보
청년희망재단	www.yhf.kr	멘토링, 창업/무역 등 전문교육, 중소중견기업설명회
한국고용정보원	www.keis.go.kr	청년을 위한 진로/취업 길라잡이

청년들이 자신에 대해 이해하고 진로(직업) 분야를 선택하였다면, 최근 취업(채용) 동향을 이해한 후 취업 준비 프로세스를 이해해야 한다.

청년을 위한 취업 준비 프로세스 및 20개 체크리스트는 다음 〈표 3〉과 같다. 이에 대한 구체적인 전략은 「제2장, 취업 코칭 솔루션」장에서 자세하게 살펴본다.

〈표 3〉 청년을 위한 취업 준비 체크리스트

취업 준비 프로세스		체크리스트
기업(직무) 분석	1	지원하고자 하는 기업을 결정한 후 기업의 최근 채용 공고문을 확인하였습니까?
	2	지원하고자 하는 직무 분야를 정한 후, 해당 직무 분야에서 어떤 업무를 수행하는지 파악하였습니까?
	3	지원 희망 기업의 채용 프로세스별 특징을 파악하고 있습니까?
	4	지원희망 기업의 평가 역량에 대하여 분석하였습니까?
입사지원서 및 자기소개서	5	입사지원서, 직무능력소개서, 자기소개서에 작성하는 내용을 파악하고 있습니까?
	6	지원하려는 직무 분야에 관련된 자격 사항을 보유하고 있습니까?
	7	직무 역량 관점에서 본인의 강점을 명확하게 어필할 수 있습니까?
	8	핵심 역량 관점에서 본인의 강점을 어필할 수 있습니까?
	9	자기소개서 작성 원리를 파악하고 있습니까?
	10	자기소개서 작성 전략을 가지고 있습니까?
직업기초능력평가 및 직무수행능력평가	11	채용 공고문에서 시험 형태, 평가 영역, 문항 수를 확인하였습니까?
	12	직업기초능력평가 유형 및 풀이 전략을 알고 있습니까?
	13	직무수행능력평가 유형 및 풀이 전략을 알고 있습니까?

취업 준비 프로세스		체크리스트
면접 전략 및 태도	14	경험 면접의 전략을 파악하고 있습니까?
	15	다른 사람과 구별되는 본인 경험의 차별성이 있습니까?
	16	발표 면접 전략을 파악하고 있습니까?
	17	자신의 생각을 논리 정연하게 표현할 수 있습니까? (제시한 주장에 대한 타당한 근거를 제시할 수 있습니까?)
	18	토론/상황 면접의 종류를 알고 있습니까?
	19	토론/상황 면접 유의 사항을 알고 있습니까?
	20	본인이 가지고 있는 부정적 행동지표(불안한 시선, 다리 떨기, 과도한 손동작)를 알고 있습니까?

4. 기업을 위한 채용 평가 프로세스

 기업의 채용 직무를 담당하는 HRM 혹은 HRD 담당자는 최근 취업(채용) 동향을 파악한 후 채용 평가 프로세스를 이해해야 한다.

 기업의 채용 평가 프로세스는 다음과 같은 단계를 거친다. 직무분석(채용 직무 검토) → 채용설계(채용계획수립, 선발전형설계, 편견 요소 배제) → 선발전형 개발(채용 직무기술서, 채용공고, 서류, 필기, 면접전형) → 선발전형 운영 및 평가(채용공고, 서류필기, 면접전형 운영). 기업의 채용 담당자를 위한 20개 체크리스트는 다음 〈표 4〉와 같다. 이에 대한 구체적인 전략은 「제3장, 기업을 위한 채용 코칭 솔루션」 장에서 자세하게 살펴본다.

⟨표 4⟩ 기업을 위한 채용 평가 체크리스트

채용 평가 프로세스		체크리스트
채용의 기획 및 운영	1	채용 평가 프로세스 설계 시 어떠한 사항을 고려해야 하는지 알고 있습니까?
	2	채용 평가 프로세스를 설계하고 각 주요 활동 사항을 이해하고 있습니까?
	3	채용절차법 등 정책지침 위반 사항을 알고 있으며, 이를 채용 과정에 적용할 수 있습니까?
	4	직무수행능력 선발기준을 선정하여 평가도구와 매칭시킬 수 있습니까?
	5	NCS를 활용하여 채용 단계별 평가 요소를 설계할 수 있습니까?
	6	평가 요소를 고려하여 선발전형을 설계할 수 있습니까?
	7	해당 직무능력을 평가하기에 적합한 기법들을 결정하고 전형별 평가형식을 설계할 수 있습니까?
	8	평가 요소에 대한 행동지표를 도출할 수 있습니까?
	9	선발시스템에 설계원칙에 대해 이해하고 이를 적용할 수 있습니까?
채용공고문 개발	10	채용공고문 작성에 필요한 항목들을 알고 있습니까?
	11	입사지원서에 인적 사항 요구 금지 사항들을 알고 있습니까?
	12	직무능력 평가를 위해 필요한 사항들을 알고 있습니까?
서술형 평가문항 개발	13	자기소개서 평가 기준과 체크포인트를 개발할 수 있습니까?
	14	경력 기술서의 평가 기준과 체크포인트를 개발할 수 있습니까?
	15	필기전형에서 정성평가에 대한 고려 사항 및 평가 방법에 대해 이해하고 있습니까?
면접전형 운영	16	면접전형에서 구조화 면접에 대해 이해하고 있습니까?
	17	면접전형 개발 절차 및 단계별 주요 과제를 알고 있습니까?
	18	NCS 직무설명서를 통해 면접의 평가 요소를 선정, 이를 평가 요소와 매칭시킬 수 있습니까?
	19	면접의 운영 절차 및 계획을 수립할 수 있습니까?
채용검증	20	채용검증 의뢰 절차에 대해 알고 있습니까?

직무능력 중심 취업(채용) 동향

이 장에서는 직무능력 중심 취업(채용) 패러다임 변화와 직무능력 중심 취업(채용) 핵심 절차를 제시한다. 또한 직무능력 중심 취업(채용)에서 직무기술서의 의미가 어떠한지 살펴보고, NCS 등을 활용하여 직무기술서를 어떻게 개발하는지 제시한다.

학습목표
1. 직무능력 중심 취업(채용) 패러다임 변화를 설명할 수 있다.
2. 직무능력 중심 취업(채용) 핵심 절차를 설명할 수 있다.
3. 직무능력 중심 취업(채용)에서 직무기술서의 의미를 설명할 수 있다.
4. NCS 등을 활용하여 직무기술서를 개발할 수 있다.

1. 직무능력 중심 취업(채용) 패러다임 변화

우리나라의 채용제도는 기업·기관에 적합한 인재를 선발하기 위해 지속적으로 개선되고 있다. 크게 「스펙중심 채용-스펙초월 채용-NCS 능력중심 채용-블라인드 채용-공정 채용」으로 다섯 개의 채용 패러다임으로 정리할 수 있다. 특히, NCS 능력중심-블라인드-공정 채용의 핵심은 "직무능력 중심 채용"이라고 할 수 있다.

먼저, 스펙중심 채용제도는 학교, 자격, 성적, 어학 점수 등 지원자의 능력을 정량화하여 평가하는 방식으로 가장 오래된 전통을 지니고 있는 방법이다.

스펙초월 채용제도는 지원자가 보유한 스펙Specification과 상관없이 기업·기관에서 다양한 채용 방법을 개발하여 시행하는 방법이다.

NCS 능력중심 채용제도는 직무에 필요한 능력인 지식·기술·태도 및 직업기초능력을 정의하고 직무능력을 평가하는 방식이다.

블라인드 채용제도는 편견을 야기하는 요소를 배제하고 직무능력을 공정하게 평가하는 채용 방식(NCS를 평가 기준으로 활용)이다. 여기에서 편견이란 학벌, 가족관계, 연령, 성별, 출신 지역, 신체적 조건 등으로 채용 과정 시 영향을 미치는 요소를 의미한다.

공정 채용이란 채용의 전 과정에서 구직자에게 정보를 '투명'하게 공개하고 공개된 내용대로 채용 과정을 운영하며, 직무와 무관한 편견 요소가 아닌 '능력'을 중심으로 평가하여 구직자와 기업 모두가 '공감'하는 인재채용 방식을 의미한다.

〈표 5〉 직무능력 중심 취업(채용) 패러다임 변화

구분	스펙중심 취업(채용)	스펙초월 취업(채용)	능력중심 취업(채용)	블라인드 취업(채용)	공정 취업(채용)
내용	정량평가 기반 채용방식	다양한 채용 방법을 활용	직무에 필요한 능력을 선별하여 평가	편견요소를 배제하고 직무능력을 평가	'투명'하게 공개하고 '능력' 중심으로 '공감'하는 인재채용 방식
장점	객관적인 지표 설정 가능	기업의 특성을 반영한 평가 체계 구축	직무에 적합한 인재 선발 가능	불합리한 제도 개선 및 공정한 평가 가능	투명성, 객관성, 공정성 제고
단점	과도한 스펙 경쟁 유도	채용 전형별로 평가 기준의 모호함 발생	정확한 직무분석을 위한 시간과 비용 필요	공정한 평가를 위한 전문 평가 위원 양성 필요	불합격자 피드백에 대한 기업 부담 가중

직무능력 중심의 채용 시스템은 '직무 수행에 부합한 직업 능력을 갖춘' 인재Right Person 선발에 용이하다. 불필요한 스펙Overspec이 아니라 해당 직무에 맞는 스펙On-spec을 갖춘 인재를 NCS 기반의 평가툴tool을 활용하여 선발하는 채용 방식이다. 직무능력 중심의 채용 과정은 다음과 같다.

① 채용 기준(NCS 기반 직무기술서) 사전 공개
② 직무능력 기반 지원서 중심의 서류전형
③ 채용기준에 따른 직무능력 평가(필기, 면접 등)

그간의 NCS 기반 직무능력 중심 채용의 가장 큰 성과를 살펴보자. 블라인드 채용 실태조사 및 성과분석연구(이상민, 2018)에 따르면, 서울 주요대 비율 감소15.3%→10.5%/4.8%p↓, 비수도권 대학 비율 증가38.5%→43.2%/4.7%p↑, 여성 비율 증가39.8%→43.1%/3.3%p↑로 합격자 다양성이 증가했다는 것을 알 수 있다. 또한, 필기전형 중 직무수행능력 평가 비중 확대27.6%→37.9%/10.3%p↑, 경험 면접 확대63.8%→66.4%/2.6%p↑, 상황면접 확대17.9%→26.5%/8.6%p↑, 면접 시간 증가34.2분→36.6분/2.4%p↑ 되는 결과가 나타났다.

다만, 공공기관의 블라인드 채용이 직업기초능력 위주의 필기시험으로 시행되어 취업 준비생들의 부담이 커졌다는 비판이 제기되고 있으며, 이에 대한 개선이 필요한 실정이다. 의견수렴 결과 응답자의 62.5%가 직업기초능력평가 중점 채용을 준비 중이며, 74.9%는 사교육을 활용할 의사가 있다고 답하였다.

블라인드 채용은 지원자에게 평등한 기회를 보장하는 방식이다. 지원자는 공정한 채용 과정을 통해 자신이 지닌 능력만으로 경쟁할 기회를 얻을 수 있다. 입사지원서나 면접에서 편견이 개입되어 불합리한 차별을 야기할 수 있는 항목(출신지, 가족관계, 학력, 외모,

성별, 연령 등)을 배제하고 직무능력을 평가한다.

특히, 블라인드 채용의 평가 기준으로 NCS를 활용하는 기업 및 기관이 늘어나고 있다. 공공기관은 직무능력을 평가 기준으로 설계하기 위해 NCS 기반의 직무기술서를 채용공고에 게시하는 등 채용제도를 개선한 바 있다. 민간기업 역시 SK, 롯데, 삼성전자, 현대자동차 등 대기업을 중심으로 이러한 기조가 확산되고 있다.

최근 공정 채용제도에서 강조하는 세 가지 키워드인 "투명, 능력중심, 공감"도 매우 중요해지고 있다. 먼저, 투명채용이란 채용인원, 일정, 선발절차 등 채용 프로세스에 대한 정보를 구직자에게 투명하게 공개하여 채용 과정에서 구직자의 혼란을 방지하고, 공고한 내용에 따라 운영하는 채용을 말한다. 능력중심채용이란 개인의 배경 등 직무와 무관한 편견 요소를 제외하고 직무역량과 발전 가능성을 중심으로 평가하는 채용을 말한다. 공감채용이란 구직자와 기업이 모두 공감할 수 있는 채용 문화를 형성할 수 있도록 구직자의 피드백을 반영한 채용제도를 마련하는 등 기업의 채용 자율성과 구직자의 권익 보호의 조화를 도모하는 채용을 말한다.

[그림 3] 공정 취업(채용)제도의 세 가지 키워드 「투명, 능력중심, 공감」

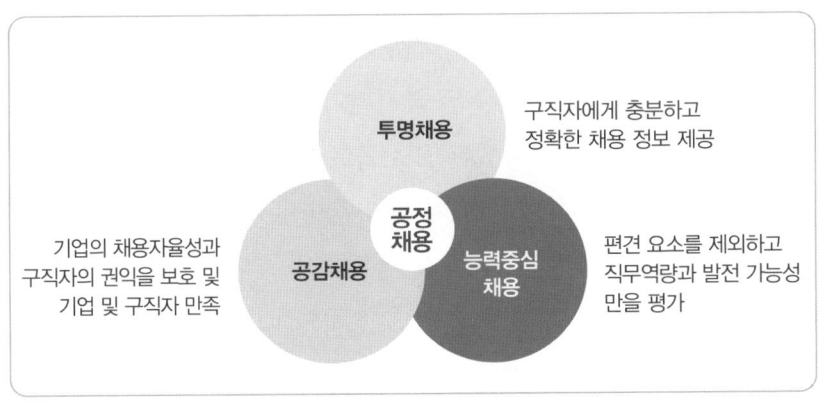

2. 직무능력 중심 취업(채용) 핵심 절차

　직무능력 중심 채용의 핵심 요소를 "채용 직무기술서-서류-필기-면접"이라고 할 때, 청년들은 채용공고와 함께 직무기술서를 파악해야 한다. 직무기술서에서 요구하는 조건에 따라 서류를 준비하고, 그에 따른 필기와 면접을 준비해야 한다. 반면에 기업은 채용에 필요한 직무기술서를 개발하고 이를 사전에 공개하며, 직무기술서에 기반한 서류 평가 기준을 개발해야 한다. 그다음으로는 채용기준에 따른 직무능력을 평가하기 위한 필기 평가도구와 면접 평가도구를 개발해야 한다.

　이같은 방식은 수행 직무를 사전에 숙지하고 있는 직원을 선발함으로써 직원의 직무만족도를 높이고 지속적인 자기 개발을 유도할 수 있다는 장점이 있다. 장기적으로는 조직 경쟁력과 더불어 국가 경쟁력 제고에 기여할 것으로 기대할 수 있다.

　블라인드와 공정 채용제도 역시 직무능력 중심의 채용으로 기존 채용과 프로세스는 동일하지만, 세부 사항에서 차이점이 있다. 우선 채용공고에 성별, 학력, 나이 등의 제한 없음이 표현된다. 서류전형에서 또한 사진 부착, 학력 사항 기재가 금지되고 어학 점수에 대한 요구는 최소화된다. 면접전형에서도 지원자에 대한 성장배경, 가정환경과 관련된 질문은 금지된다. 이처럼 블라인드와 공정 채용은 선입견을 가질 수 있는 요소들을 배제하는 것이 핵심이다.

　한편으로는 학력에 대한 배제가 역차별로 작용할 수 있다는 우려가 제기된다. 블라인드와 공정 채용에서 직무 관련 능력이 무엇인지에 대한 명확한 평가 기준이 모호하기 때문이다. 이러한 측면에서 블라인드와 공정 채용에 NCS를 적용하여 직무 관련 능력에 대한 명확한 기준을 세운다면 보다 체계적이고 효과적인 채용제도를 마련할 수 있을 것이다.

기업 입장에서 직무능력 중심 채용의 핵심 절차는 다음과 같다.

[그림 4] 직무능력 중심 채용 핵심 절차(기업)

1. 채용 직무기술서 개발
- SME회의에서 선정한 NCS 능력단위와 능력단위 요소를 통해 직무기술서 초안 작성
- 직무기술서 타당성 검토 및 보완

2. 서류 평가도구 개발
- 채용 공고/입사지원서/자기소개서/경험·경력 기술서/서류 평가 척도의 초안 개발
- 서류 평가도구에 대한 타당성 검토 및 보완

3. 필기 평가도구 개발
- 직업기초능력 필기 평가 문항 개발
- 직무수행능력 필기 평가 문항 개발
- NCS기반 SME 검토 및 타당성 확보

4. 면접 평가도구 개발
- 경험, 상황, 발표, 토론 등 면접 문항 및 평가표 개발
- 면접 평가도구에 대한 타당성 검토 및 보완

직무능력 중심 채용 단계에서 기업은 무엇을 고민해야 할까? 먼저, 채용공고 단계에서 직무기술서를 구체적으로 작성해서 제시해야 한다. 지원자 부담을 최소화하기 위해 채용 직무나 최소 범위의 직군에 대한 직무 내용과 필요 지식, 필요 기술, 필요 태도를 사전에 공지해야 한다.

서류전형 단계에서는 입사지원서를 채용 직종별로 최적화할 필요가 있다. 자기소개서는 지원자의 개인적 내용이 아닌 직무 관련 내용을 중심으로 기록할 수 있도록 해야 한다. 또한, 지원자에 대한 주관적 평가를 원천적으로 배제함으로써 모든 지원자에게 동등한 기회를 제공하고, 증빙서류를 면접 시점에 제출하도록 하여 졸업증명서, 성적증명서 등으로 인한 출신학교 노출을 방지해 블라인드 채용을 실현해야 한다. 합격자 발표는 면접전형 통과자를 대상으로 사실 여부를 확인한 뒤 시행한다.

필기전형 단계에서는 최소한의 지원 자격을 충족하는 경우, 모든 지원자에게 필기시험 기회를 제공해야 한다. 직무와 관련 없는 스펙은 배제하고 직무 수행에 필요한 기본적인 능력을 평가할 수 있는 필기전형을 실시하되, 이에 대한 선발 타당도를 높일 수 있도록 관리를 철저히 해야 한다.

면접전형 단계에서는 면접평가자 교육을 의무화해야 한다. 내부 평가자의 경우 교육을 받은 자만이 면접에 참여할 수 있도록 함으로써 면접의 공정성 강화 및 평가 역량 배양으로 채용의 합리성을 증대할 필요가 있다. 또한, 면접 시 지원자의 제출서류에서 추출한 출신 학교 및 지역을 평가자에게 제공해서는 안된다. 이 밖에 면접 시 평가 역량에 따라 최적의 면접 도구(경험 면접, 집단토론, 발표 면접, 상황 면접 등)를 다양하게 활용하여 평가의 효과성을 높일 수 있도록 한다.

단순히 채용 체계만 만든다고 해서 직무능력 중심 사회가 되지는 않을 것이다. 해당 체계에 대한 활용, 피드백, 관리, 업데이트가 상호작용해야 한다.

3. 직무능력 중심 취업(채용)에서 직무기술서의 의미

채용에서 직무기술서는 취업(채용)하고자 하는 직무의 내용과 수행 요건에 관한 정보를 구체적으로 파악할 수 있도록 정리한 자료다. 일반적인 직무기술서란 직무분석 결과 해당 직무의 수행을 위해 목적과 업무의 범위, 요구받는 역할, 직무 수행 요건 등 직무에 관한 정보를 기록한 것을 말한다면, 채용 직무기술서는 직무분석 자료 또는 기존 직무기술서에서 채용하고자 하는 직무의 지원자에게 요구하는 직무 수준 등을 설정한 자료를 의미한다.

〈표 6〉 일반 직무기술서와 채용 직무기술서의 차이

구분	직무기술서	채용 직무기술서
직무 정의	직무 수행 전체 내용	채용에 필요한 직무수행내용
직무 수준	직무 수준을 단계별로 구분 : 모두 활용 예) 국가직무능력표준 기준 : 1~8수준	채용에 필요한 직무 수준만 활용 예) 국가직무능력표준 기준 : 1~4수준
평가 준거	수행 준거	채용에 필요한 수행 준거

기업은 직무기술서를 통해 직무와 직무 수행 요건에 관한 구체적이고 정확한 정보를 청년들에게 공개하고, 모집단계에서부터 서류전형, 필기전형, 면접전형에 이르는 선발의 전 과정에서 직무에 적합한 인재를 선발하기 위한 평가도구의 개발 및 평가를 체계적으로 진행할 수 있도록 한다.

청년은 직무기술서를 통해 지원 직무의 내용과 수행 요건을 구체적으로 확인할 수 있다. 자신의 비전 및 적성과 지원 직무와의 적합성 여부를 판단할 수 있고, 무엇을 준비해야 하는지에 관한 정확한 정보를 파악할 수 있다.

직무기술서를 개발하기 위해서는 기업의 채용 담당자가 채용대상 직무의 내용을 도출하고 내용에 따른 직무능력을 정의해야 한다. 이를 직무분석이라 하며, 직무분석을 하는 경우 조직 자체적으로 보유하고 있는 직무전문가SME와의 인터뷰 또는 직무기술서 및 직무명세서 등 기업 내부 자료와 NCS 등을 활용할 수 있다.

〈표 7〉 직무능력 중심 채용에서의 채용 직무기술서 개발절차

1단계 목표수준 설정	2단계 채용 직무 요건 도출	3단계 채용 직무기술서 개발
채용 직무 목표 수준 설정 (직무분석자료 및 기존 직무기술서)	능력단위/능력단위요소/직업 기초능력 등 도출	KSA/능력단위/직업 기초 능력/교육-훈련-자격 등

먼저 기업의 내부 자료로 기업의 전략, 산업 동향 및 경영환경 등을 검토하고, 경쟁사 및 동종업계 채용 동향 등을 검토한다. 기업 관련 SME를 통한 인터뷰, 설문, 관찰 및 자료 분석 등을 통해 필요한 직무능력을 도출한다. 직무능력을 도출한 후에는 직무능력별 정의, 하위 요소, 행동지표(평가 기준)를 개발한다.

최종적으로 SME를 활용하여 검증한 후 최종적으로 직무능력을 확정한다. 이와 같이 도출된 직무능력을 활용해서 직무기술서를 개발한 후에, 도출된 직무능력을 어떤 전형에서 어떤 방법으로 평가할지 채용을 설계한다. NCS 유무에 따른 직무와 직무능력도출 과정은 다음〔그림 5〕과 같다.

[그림 5] 채용 직무기술서 개발에 필요한 직무와 직무능력 도출과정

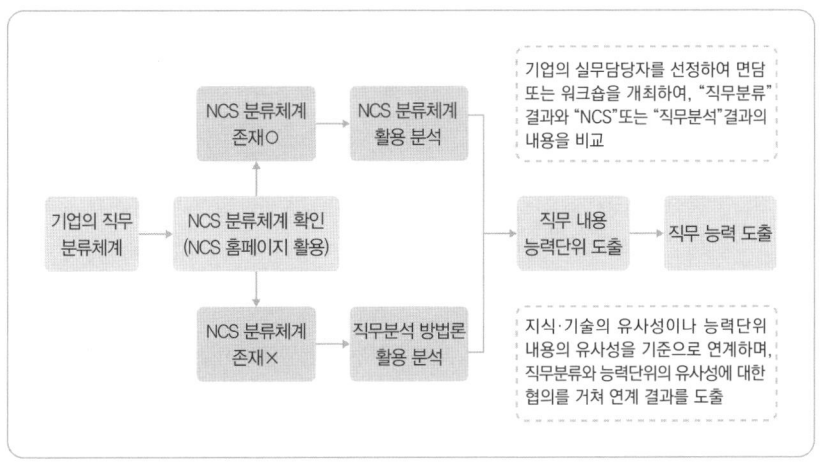

<표 8> 직무능력 중심 채용에서의 채용 직무기술서 예시(인사·조직)

채용 분야	반도체 개발			
NCS 분류 체계	대분류	중분류	소분류	세분류
	경영·회계·사무	총무·인사	인사·조직	인사
직무개요				
직무 정의	인사·조직 직무는 인적자원의 활용을 위해 성과관리, 급여 지급, 조직문화관리, 인사 아웃소싱 관리 등의 제반 사항을 운영 및 개선하는 업무를 수행하는 일이다.			
직무 역할	조직의 목표 달성을 위한 인적자원의 효율적 활용을 지원하고, 이를 위해 기획된 제도·운영체제·실행을 지원하는 역할을 담당한다.			
직무 수준	사원(직능수준: 주임급까지, 1~4년차)			
유관직무	교육훈련, 노무관리, 총무(급여), 조직문화, 경영기획			
능력단위				
인사 평가 지원 (L.4)	과업 정의: 조직의 전략 및 목표와 연계하여 구성원 및 부서를 위한 평가계획을 수립하고, 단위별 목표설정, 평가를 위한 교육, 인사 평가 실행을 지원하는 능력이다. 능력단위요소: 계획수립, 목표설정, 평가 교육, 인사 평가 정리			

급여 지급 (L.3)	과업 정의: 확정된 조직원의 임금을 정해진 날에 집행하고 연말 소득에 따라 납부한 세금을 소득세법에 따라 재계산하여 연간 세금 정산을 수행하는 능력이다. 능력단위요소: 급여대장 등록, 급여 계산, 4대 보험 관리, 연말정산 실시
조직문화 관리 (L.4)	과업 정의: 비전과 목표를 조직 구성원들이 공유하기 위하여 조직문화의 분석과 실행 방안을 지원하는 능력이다. 능력단위요소: 조직문화 현황 분석하기, 조직문화 활성화 방안 수립, 조직문화 활성화 방안 실행
인사 아웃소싱 (L.4)	과업 정의: 운영업체의 제안 내용의 평가를 통해 계약을 체결하고 운영업체를 관리하는 능력이다. 능력단위요소: 아웃소싱 대상 업무 선정, 운영업체 선정, 운영업체 평가

*과업에 따른 직능수준(Level)은 1~8단계로 구분

필요 지식·기술·태도

필요 지식	• 전자인적자원관리시스템 지식 조직행동 관련 지식 • 평가 방법론(성과지표, 평가오류/평가기법) 지식 • 조직 비전 체계 지식 • 경력개발, 역량 모델 지식 사회조사방법 지식	• 임금관리 관련 법률(소득세법, 연말정산 등) 지식 • 노동관련 법률(근로기준법, 최저임금법 등) 지식 • 4대 보험 및 개인정보보호법 관련 법률 지식 • 하도급거래 공정화, 파견근로자 보호 등에 관한 법률 지식
필요 기술	• 편안한 대화 유도 기술 • 협상(중재) 및 설득 기술 • 벤치마킹 기술 통계처리 기술 • 평가 결과 분석 기술	• 전사적 자원관리, 인적자원 시스템 활용 기술 • 비교분석 기술 • 정보검색 기술 비용효과분석 기술
필요 태도	• 인간 존중 태도 윤리의식 • 공정성 태도 사명감과 배려 • 보안을 중시하는 태도	• 객관성 및 정확성을 추구하는 태도 • 다양한 부서와의 협업 태도 긍정적 사고

4. NCS 등을 활용한 직무기술서 개발

NCS는 국가가 산업현장에서 직무를 수행하는데 요구되는 지식

과 기술, 자격 등의 내용을 산업 부문별, 수준별로 체계화한 자료이다www.ncs.go.kr. NCS를 이용한 직무 내용 및 직무능력 정의에 대한 직무분석 과정은 〈표 9〉와 같다.

〈표 9〉 국가직무능력표준(NCS)을 활용한 직무분석 과정

단계	프로세스	내용
1단계	직무 관련 정보수집, 분석	조직에서 보유하고 있는 직무 관련 분류체계 또는 정보들(직무기술서, 직무명세서, 조직도, 업무분장표 등)을 수집하여 분석
2단계	NCS Mapping	기존 직무 관련 정보를 분석한 내용에 기반하여 가장 유사한 NCS 체계 내의 세분류 정보 탐색 : NCS 세분류 정보들을 검토하여 선발 평가 시 활용할 능력단위 도출
3단계	NCS Mapping 타당성 검증	직무전문가의 의견을 수렴하여 NCS Mapping 결과의 적절성을 검토 : SME 의견 수렴, 방법: 인터뷰, 설문, 워크숍 등
4단계	직무능력 최종선정	SME 검토를 통해 검증된 직무능력들을 취합하고, 필요성이나 중요도가 높은 직무능력들(지식, 기술, 태도, 자격 등)을 선정
5단계	직무기술서 개발	NCS를 이용해 도출된 직무내용 및 직무능력을 활용, 직무기술서 개발
6단계	채용설계	도출된 직무능력을 어떤 전형에서 어떤 기법·방법으로 평가할지 결정 Matrix를 이용하여 세로축에 직무능력, 가로축에 선발기법을 나열

1단계는 직무를 파악하는 단계로, 조직에서 이미 보유하고 있는 직무분석자료 및 직무기술서 등을 활용하여 채용하고자 하는 직무(직군)별 수행 직무, 자격요건, 직무특성을 조사하고 현재 조직의 정원, 현원 관리에 따른 결원 및 미래의 인력 수요를 감안하여 채용 분야 및 인원을 확정하는 것이다.

2단계는 채용하고자 하는 모집 분야에 맞는 NCS를 찾는 단계이다. NCS 검색메뉴 내 분야별 검색창에 접속하여 대분류→ 중분류→ 소분류→ 세분류의 순으로 NCS를 검색한다. 효율적인 NCS

검색을 위해 사전에 채용 모집 분야와 NCS 분류체계를 맵핑하여 획득하고자 하는 NCS를 파악한다.

[그림 6] NCS 분류에서 "인사" 분야 직무 탐색

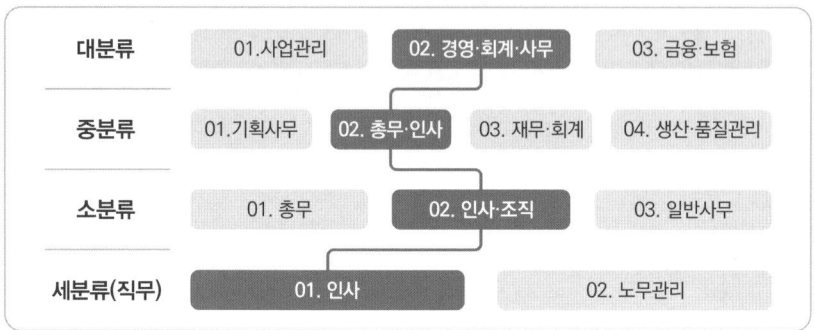

3단계 NCS 맵핑 타당성 검증 단계에서는 SME의 의견을 인터뷰, 설문, 워크숍 등을 통해 NCS 맵핑 결과의 적절성을 검토한다. 이 과정에서 정의된 내용에 대한 일정 검토 기준 마련이 필요한데, 1차 필터링Filtering을 거쳐 "수행업무 내용 및 직무 수행의 필수 조건"을 도출하고, 2차 필터링을 통해 "우수한 직무 수행의 요건"을 도출한다. 이렇게 도출된 결과를 SME와 인사 담당자의 최종 검토를 거쳐 채용 직무의 직무능력(지식, 기술, 태도, 자격)으로 선정한다.

4단계 직무능력 최종 선정 시에는 SME 검토를 통해 채용에 필요한 직무능력들을 취합하고, 필요성 등을 기준으로 직무능력과 직업기초능력 등을 선정한다. 선정된 채용 직무의 직무능력은 '직무설명자료(직무기술서)'로 개발 및 공개해야 한다. 직무설명자료에는 채용 직무, 업무 내용, 세부 수행 내용, 직무요건(지식, 기술, 태도), 직업기초능력, 경험(경력), 자격 등에 대하여 기재하고, 채용

공고문에 포함하거나 또는 별첨 자료로 제시하여야 한다.

  5단계 직무기술서 개발단계에서는 도출된 직무능력을 중심으로 직무기술서를 개발한다. 직무기술서에는 채용 직무, 업무 내용, 세부수행 내용, 직무요건, 직업기초능력, 경험, 자격 등에 대해 기재하고, 이를 채용 공고문에 포함시키거나 별첨자료로 제시한다. 지원자는 채용공고와 직무기술서를 보고 채용 직무와 업무 내용을 알 수 있고, 취업을 위해 준비해야 할 사항이 무엇인지 파악할 수 있다.

〈표 10〉 반도체 개발 분야 채용 직무기술서 예시(능력중심채용모델 중)

채용 분야	반도체 개발			
NCS 분류 체계	대분류	중분류	소분류	세분류
	19. 전기·전자	03. 전자기기 개발	06. 반도체 개발	01. 반도체 개발
직무수행 내용	(반도체 개발) 전기적 특성에 따른 고객의 요구 기능을 구현하기 위해 제품을 기획하고 칩을 설계하며, 설계에 적합한 공정과 패키지를 개발하고, 완성된 제품에 대해 검증 및 테스트를 통해 신뢰성이 확보되는 반도체를 개발			
능력 단위	(반도체 개발) 반도체 제품기획, 반도체 아키텍처 설계, 반도체 제품 기능·성능 검증, 반도체 신뢰성 평가			
필요 지식	(반도체 제품기획) 반도체 설계 단계 및 제조공정에 대한 지식, 주요 개발 방법론 (반도체 아키텍처 설계) 반도체 소자의 동작 특성, 반도체 기능별 블록 포함한 시스템 구성 방법 (반도체 제품 기능·성능 검증) 제품 시험 항목의 구성 및 순서도, 제품 시험 항목별 평가 방법 (반도체 신뢰성 평가) 반도체 전기적 특성, 반도체 동작 원리			
필요 기술	(반도체 제품기획) 분석 기술 및 문서화 능력, 개별 단위 정보 활용을 통한 최적 안 도출 능력 (반도체 아키텍처 설계) 사용할 기능 블록과 IP들에 대한 기본 적용 기술, 반도체 제품 내부 시스템 버스를 운영하는 소프트웨어 해석 능력 (반도체 제품 기능·성능 검증) 웨이퍼 레벨 제품 시험 장비의 사용법 및 측정 오차에 대한 이해 능력, 시험 결과 분석 및 문서화 능력 (반도체 신뢰성 평가) 반도체 전기적 특성 측정 기술, 시험 항목별 시험 설비 제작 및 활용 기술			

직무수행 태도	(반도체 제품기획) 세심한 분석 태도, 평가 공정성 유지 자세 (반도체 아키텍처 설계) 현실적으로 구현 가능한 아키텍처를 능동적으로 정의하는 태도, 반도체 제품 내부 시스템을 이해하려는 노력 (반도체 제품 기능·성능 검증) 제품 시험 항목을 이해하려는 의지, 시험환경 준수 의지 (반도체 신뢰성 평가) 국제 규격 준수 의지, 시장 요구 조건 현실 반영 노력
관련 자격	반도체설계기사, 반도체설계산업기사, 반도체장비유지보수기사
직업기초능력	의사소통능력, 문제해결능력, 조직이해능력, 정보능력, 기술능력
참고 사이트	OO기관 홈페이지 / www.ncs.go.kr

6단계 채용설계 단계에서는 도출된 직무능력을 어떤 전형에서 어떤 기법·방법으로 평가할지를 결정한다. Matrix를 이용하여 세로축에 직무능력, 가로축에 선발기법을 나열한다.

〈표 11〉 반도체 개발 분야 채용 평가 Matrix 예시(능력중심채용모델 중)

평가 요소		서류전형			필기전형		면접전형			
		입사지원서	경력경험기술서	자기소개서	직업기초능력평가	직무수행능력평가	경험면접	상황면접	발표면접	토론면접
직업기초능력	의사소통능력				●		●		●	
	문제해결능력			●	●		●		●	●
	조직이해능력			●	●		●			
	정보능력				●					●
	기술능력				●					

평가 요소		서류전형			필기전형		면접전형			
		입사지원서	경력경험기술서	자기소개서	직업기초능력평가	직무수행능력평가	경험면접	상황면접	발표면접	토론면접
직무수행능력	필요 지식	●	●			●	●	●	●	●
	필요 기술	●	●			●		●	●	●
	직무수행태도			●			●	●		
	관련 자격	●								

직무능력 중심 취업 (채용) 표준화 도구

이 장에서는 우리나라 직무능력 중심 취업(채용) 표준화 도구인 능력중심채용모델에 대해 알아보고, 서류전형(입사지원서와 자기소개서), 필기전형(직업기초능력과 직무수행능력)과 면접전형(직업기초능력과 직무수행능력)에 대해 알아본다.

학습목표
1. 능력중심채용모델이 무엇인지 설명할 수 있다.
2. 서류전형(입사지원서 및 자기소개서)을 설명할 수 있다.
3. 필기전형(직업기초능력과 직무수행능력)에 대해 설명할 수 있다.
4. 면접전형(직업기초능력과 직무수행능력)에 대해 설명할 수 있다.

1. 능력중심채용모델의 의미

능력중심채용모델이란 우리나라 직무능력중심 채용의 표준화 도구로서, 채용 분야별로 서류전형, 필기전형, 면접전형을 통해 지원자의 직업기초능력과 직무수행능력을 체계적으로 평가하는 도구다(김진실, 2023).

정부에서는 기업의 채용비용 경감 및 채용 비리 근절을 위한 직무능력중심 채용제도 도입과 채용 기준 제시를 위하여 능력중심채용모델 개발 사업을 2011년 「열린 고용사회 구현방안」 계획을 시작으로, '12년 「핵심직무역량 평가모델」, '15년부터 「능력중심채용모델」 사업으로 명칭이 변경되어 2023년 현재까지 추진하고 있다(고용노동부, 한국산업인력공단, 2023). 능력중심 채용모델이란 채용하고자 하는 직무를 원활히 수행할 수 있는 인재를 선발하기 위한 선발체계를 국가직무능력표준NCS: National Competency Standards, 이하 NCS.을 활용하여 설계하고, 선발전형별(채용 직무기술서, 서류, 필기, 면접)로 평가할 직무능력을 규명하여 개발한 평가도구이다.

현재까지 능력중심채용 분야별 신규직군 개발은 111개, 고도화는 147개 직군이 개발된 실적이고, 채용모델이 보급된 기업은 2,096이다. 능력중심 채용모델 활용 지원 기업의 만족도는 '20년 65%, '21년 73.6%, '22년 77.2%로 꾸준히 상승하고 있고, 능력중심 채용모델의 직무중심 채용이 공정성 확보에 도움이 되는지 여부를 '20년부터 '22년까지 조사한 결과 도움이 된다는 응답률이 88%가 되었다(시온리서치, 2020~2022).

〈표 12〉 능력중심 채용 모델 개발 성과

구분		계	'12	'13	'14	'15	'16	'17	'18	'19	'20	'21	'22
채용모델 개발	신규	111	8	10	10	9	25	7	10	16	8	4	4
	고도화	147		4	6	9	12	15	62	14	13	6	6
채용모델 보급	기업 활용	2,096		30	180	180	180	183	243	283	355	212	250

여기서 직무능력이 무엇인지, 능력중심 채용이 무엇인지 좀 더 구체적으로 살펴보고자 한다. 직무능력이란 일을 수행하는 데 성과를 내는 능력으로 직무수행능력과 직업기초능력으로 구성된다. 이는 NCS 홈페이지www.ncs.go.kr의 NCS학습모듈 검색에서 직무수행능력과 직업기초능력을 검색할 수 있다.

[그림7] 직무능력직무수행능력+직업기초능력의 표준화=국가직무능력표준(NCS)

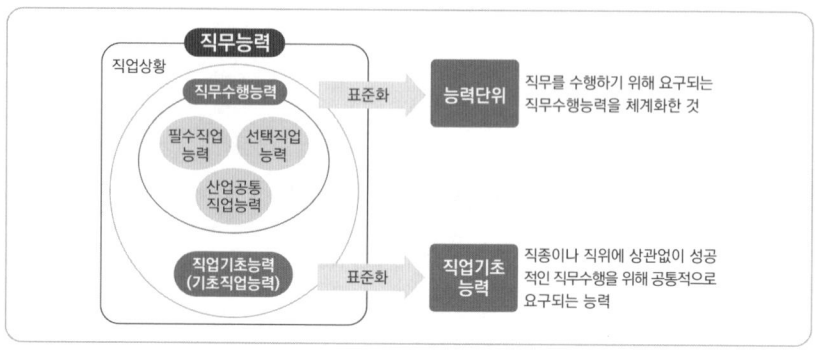

직무능력 중심 채용이란 직무에 필요한 요건(지식, 기술, 태도, 자격, 경력, 경험 등)을 직업기초능력(기본적이고 공통적인 능력) 및 직무수행능력(해당 직무를 수행하는데 필요한 능력)으로 구분하여 평가하는 채용 방식이다. NCS 기반 평가 툴을 활용하여 불필요한 스펙이 아닌 해당 직무에 맞는 직무능력을 갖춘 인재를 선발한다. 기존 채용과 직무능력 중심 채용을 비교하면 다음 〈표 13〉과 같다.

〈표 13〉 기존 채용과 직무능력 중심 채용 비교

구분	기존 채용	능력중심 채용
채용공고	• 일반직 00명 등 포괄적 채용공고 • 학력, 자격증 등 단순 정보 제공	• 경영, 금융, 총무 등 채용 분야 구체화 • 필요 지식·기술 등 상세 직무설명자료 제공
서류전형	• 직무와 무관한 신상정보 요구 • 직무와 무관한 스펙(해외 봉사, 어학 등) 요구 • 자전적 자기소개서	• 직무와 무관한 신상정보 최소화 • 직무와 관련 있는 스펙(교육·자격·경험 및 경력) 요구 * 어학은 채용 직무에 필요시 요구 • 직무 관련 경험 중심 자기소개서
필기시험	• 인성·적성 평가, 단순 지식 중심 전공 필기시험 등	• 직무능력 측정 중심의 필기평가 (직무 관련 상황 및 문항 설정)
면접	• 비구조화 면접(취미, 성장배경 등 일상적 질문)	• 직무능력 평가 중심의 구조화된 면접 (직무 관련 질문 및 유형으로 구성)

공공 및 민간 부문에서 직무(능력) 중심 채용이 확대되고 있으나, 여전히 관행적인 편견에 입각한 차별 요인이 존재하고 있다. 직무 중심 채용은 이러한 편견 요인을 제외하고 지원자를 평가한다.(고용노동부, 한국산업인력공단, 2018)

[그림 8] 직무능력중심 채용 모형

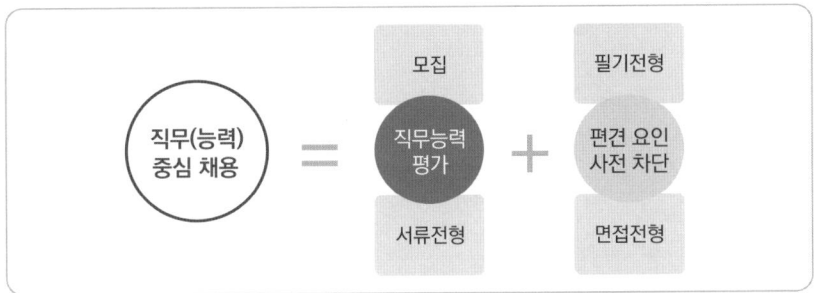

능력중심채용모델은 채용직군(현 NCS 소분류 단위)별 채용 공고문, 서류전형(입사지원서, 자기소개서 등), 필기전형, 면접전형별 도구를 개발하여 NCS 홈페이지에 탑재되어 있다(NCS 홈페이지-공정채용-전형별 평가샘플).

[그림 9] 능력중심채용모델 검색(NCS 홈페이지-공정채용-전형별 평가샘플)

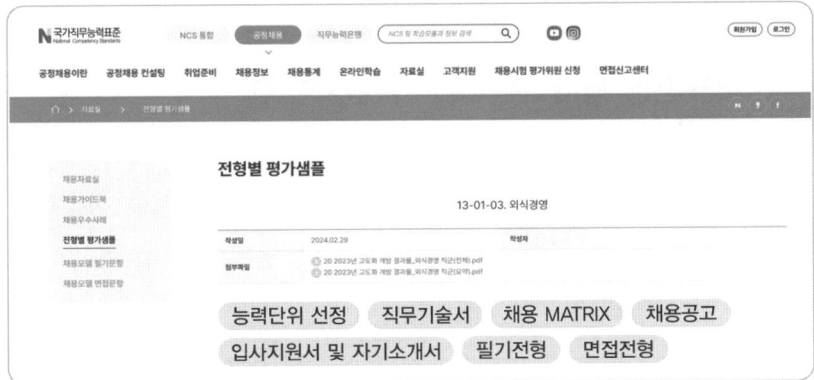

능력중심채용모델의 한 세트는 직군별 능력단위선정, 직무기술서, 채용공고, 입사지원서 및 자기소개서, 필기전형, 면접전형으로 구성되어 있다. 능력중심채용모델의 한 세트의 예시(반도체 개발)는 다음과 같다.

〔그림 10〕 능력중심채용모델 한 세트 예시(직군명 : 반도체 개발)

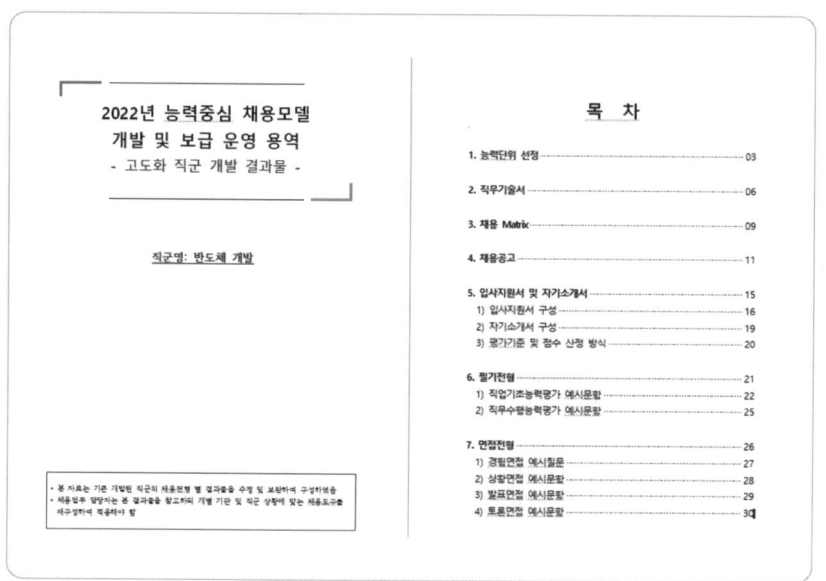

2. 서류전형(입사지원서와 자기소개서)

우리가 일반적으로 알고 있는 서류전형이란 이력서를 작성하는 것이다. "이력서는 나의 얼굴"이라는 말이 있듯이 정성 가득한 이력서는 한 사람의 인생을 나타내는 힘이 되기도 한다. 이력서를 포함하는 입사지원서 및 자기소개서 등을 기업에서는 서류로 평가한다고 해서 서류전형이라고 한다.

먼저, 입사지원서는 지원자를 포괄적으로 이해하기 위한 기초자료로서 면접을 위한 가장 중요한 서류이며, 조직에서의 적응력 파악, 지원 동기, 학습경험, 자격 및 면허, 경험 및 경력 등을 통해 장래성을 파악할 수 있다. 신입사원의 입사지원서는 지원하는 분야, 직무, 경력사항, 자격 면허, 지원 분야와 연관된 활동 등으로 구성되며, 경력사원의 입사지원서는 신입사원 입사지원서에 덧붙여 이전 회사의 업무, 처우 조건, 퇴직 이유, 경력을 이용할 수 있는 분야 등을 기재하는 항목을 좀 더 상세히 구성할 수 있다(김면식 외, 2023).

〈표 14〉 서류전형에서의 평가도구 종류 및 내용

평가도구	내용
입사지원서	• 평가의 목적으로 직무 관련 사항을 기재하도록 요청하는 지원서 • 인적 사항, 교육사항, 경력사항, 자격 사항, 기타 직무 관련 사항
자기소개서	• 기업의 핵심 가치, 인재상과 관련된 사항을 확인할 수 있게 구체적으로 설계된 지원자 소개서
경험 기술서	• 입사지원서에 기재한 경험(보수를 받지 않은) 사항을 보다 상세히 기술하는 기술서 • 직무와 관련하여 경험한 내용을 기술
경력 기술서	• 입사지원서에 기재한 경력(보수를 받은) 사항을 보다 상세히 기술하는 기술서 • 직무와 관련된 업무 수행 경력을 기술
포트폴리오	• 지원자가 보유한 특정 직무역량을 확인할 수 있는 대표적 산출물 • 논문, 홈페이지, 디자인 시안, 음원 등

입사지원서에는 주로 '인적 사항, 교육사항, 자격 사항 및 직무 관련 사항'이 포함되며, 자기소개서는 인재상과 직업기초능력, 조직의 핵심 가치로 구성되어 있다. 그리고 경험/경력 기술서는 직

무와 관련된 업무 수행 경력과 경험을 살펴볼 수 있어서 많은 기관들이 입사지원서에 적용하고 있다. 기업은 필요에 따라 다양한 블라인드 입사지원서를 활용할 수 있는데, 그 중 "공공기관 표준 입사지원서"를 기반으로 입사지원서 항목을 구성할 수 있다. 아래에 있는 공공기관 표준 입사지원서를 그대로 활용하거나 필요에 따라 직무 관련 항목의 추가적인 구성이 가능하다.

[그림 11] 공공기관 표준입사지원서

공공기관 표준 입사지원서

1. 인적사항

지원구분	신입( ) 경력( )	지원직무		접수번호	
성명	(한글)				
현주소	*필요시				
연락처	(본인휴대폰)	전자우편			
	(비상연락처)				
추가항목(예시)		□장애대상 □보훈대상 □지역인재			

2. 교육사항
*지원직무 관련 과목 및 교육과정을 이수한 경우 그 내용을 기입해 주십시오.

교육구분	과목명 및 교육과정	교육시간
□학교교육 □직업훈련 □기타		

직무관련 주요내용

3. 자격사항
*지원직무 관련 국가기술/전문자격, 국가공인민간자격을 기입해 주십시오.

자격증명	발급기관	취득일자	자격증명	발급기관	취득일자

4. 경험 혹은 경력사항
*지원직무 관련 경험 혹은 경력사항을 기입해 주십시오.

구분	소속조직	역할	활동기간	활동내용
□경험 □경력				

*직무활동, 동아리/동호회, 팀프로젝트, 연구회, 재능기부 등 직무와 관련된 주요 활동을 기입해 주십시오.

위 사항은 사실과 다름이 없음을 확인합니다.
년 월 일
지원자 : _____(인)

직무능력 중심 취업(채용)에서 자기소개서는 해당 분야 지원자의 직무수행능력 및 직업기초능력을 검증하고 평가하는 것이다. 기존 자기소개서는 일대기적 형식의 자기소개와 개인 경험 및 생각을 나열했다면, 직무능력 중심 채용의 자기소개서는 직무와 관련된 개인의 경험을 구체적인 사례를 통해 증명하는 것이다. 자기소개서는 해당 지원자의 지원 동기(조직·직무) 및 조직적 합성(핵심 가치·인재상), 직업기초능력 등 평가 질문으로 구성하여, 지원자에게 직무능력을 발휘할 수 있는 상황을 제시하고 설명할 수 있도록 단일 또는 다중질문으로 제시한다.

〈표 15〉 직무능력 중심 취업(채용)의 자기소개서 질문의 유형

구분	유형	특징	예시 질문
단일 질문방법	〈대표 질문〉 해당 능력이 잘 발휘되었던 과거의 경험을 묻는 하나의 주 질문	• 장점: 항목설계와 답변 용이 • 단점: 자의적 해석으로 평가 의도와 다른 답변	귀하가 살아오면서 가장 큰 성취감을 느꼈던 사건에 대해서 기술하시오.
다중 질문방법	〈질문 나열〉 해당 능력이 잘 발휘되었던 과거의 경험을 묻는 주 질문과 탐색 질문으로 구성	• 장점: 항목에 대한 구체적인 정보수집 가능 • 단점: 지원서 설계와 답변 관리의 어려움	귀하가 살아오면서 가장 큰 성취감을 느꼈던 사건에 대해서 기술하시오. -과정 중에 어떤 어려움을 경험하셨나요?

자기소개서의 질문을 개발하기 위해서는 채용 분야의 직무능력을 평가할 수 있는 상황에 대한 질문을 제시하고, 이를 통해 평가의 주안점 등에 적용해야 한다. 다음은 「회계」 분야의 자기소개서 질문의 예시이다.

〈표 16〉 직무능력 중심 취업(채용)의 자기소개서 질문 예시 분야(회계)

[회계정보시스템 운용] 원활한 재무 보고를 위하여 회계 관련 DB마스터 관리, 회계 프로그램 운용, 회계 정보를 활용하는 능력
[결산 관리] 회계기간의 수익, 비용을 확정하여 경영 성과를 파악하고, 결산일 현재의 자산, 부채, 자본을 측정·평가하고 재무 상태를 파악하여 재무제표를 작성하는 능력
[문제해결능력] 직무를 수행함에 있어 문제 상황이 발생하였을 경우, 창조적이고 논리적인 사고를 통하여 이를 올바르게 인식하고 적절히 해결하는 업무

직무 요구능력 확인	• 기업 회계담당자가 수행해야 하는 능력을 진단할 수 있다.
회계프로그램운용/결산관리/문제해결능력	• 회계프로그램/결산관리 등 직무능력 보유를 통해 기업 회계담당자의 역할 수행이 가능하다.
질문 문항 설정	
질문	• 우리 회사와 해당 지원 직무 분야에 지원한 동기에 대해 기술해 주세요. • 지금까지의 경험 중 해결하기 힘든 문제에 부딪혀 어려움을 겪었으나 이를 극복한 사례가 있다면 기술해 주세요.
증거	• 회계 정보 시스템 운용 능력에 대한 경험 여부 확인 • 계획 수립 능력, 목표 설정 능력을 위한 적극적 행동 • 사례 제시를 통한 사고력, 문제 처리 능력 등에 대한 경험 여부 확인
평가 주안점	• 회계 프로그램의 활용 여부(경험) • 경영 성과 및 재무제표 등을 작성에 대한 경험 및 능력 • 문제 상황에 대한 대처 및 처리에 대한 경험 및 능력

자기소개서 작성 분량이 많을 경우 정확한 평가가 어려울 수 있으므로 자기소개서 작성 양식에 항목별 작성 분량에 대한 가이드를 미리 제시하는 게 필요하다.

〈표 17〉 직무능력 중심 채용의 자기소개서 작성분량 예시

기술항목	기술 분량	기술항목	기술 분량
지원 동기	200~300자	직무수행능력	300~800자
기타 조직-개인적합성	300~400자	직업기초능력	300~800자

자기소개서 평가 기준은 직무 관련 능력이 정확하게 기술되었는지 확인하는 것이다. 따라서 가점 기준과 감점 기준을 사전에 제시해야 한다.

〈표 18〉 직무능력 중심 채용의 자기소개서 평가 기준

가점 기준	감점 기준
• 능력에 대한 기술 내용의 성실성 • 구체적인 사례 기술 • 질문에서 평가하고자 하는 직무능력에 대한 기술	• 능력 간 동일 내용 복사 혹은 기술 부족 • 원론적 이야기나 자기 가치관 기술 • 능력 및 질문과 무관한 내용 • 오타 및 부정확한 문법으로 내용 평가 불가 (최저점)

〈표 19〉 직무능력 중심 취업(채용)의 자기소개서 예시(경영기획 분야)

자기소개서

1. 마이클주식회사 직무 분야에 지원한 동기에 대해 기술해 주세요.

  대학에서 경영학을 전공하며 경영기획 및 평가 업무에 대한 관심을 갖게 되었습니다. 이후, 마이클컨설팅에서 인턴으로 근무하며 경영평가 관련 업무에 대한 실무를 습득할 수 있었습니다. 첫 직무로 경영평가 관련 정보수집을 경험하며 제가 해당 직무를 잘 수행할 수 있겠냐는 라는 걱정이 많았습니다. 평가대상 담당자들의 부서 정보를 수집하기엔 이해와 설득 과정이 필요하였습니다. 그러나 경영평가 관련 업무를 담당하며 업무의 노하우를 습득하며 평가대상 부서 관계자의 입장을 이해할 수 있었습니다. 이를 바탕으로 경영평가 활동 수행에 필요한 인터뷰 시트 작성 및 반구조 인터뷰를 진행하였습니다.
  그리고 해당 경험을 바탕으로 경영평가 모니터링 업무 파트의 모니터링 방법과 도구 수립에 기여할 수 있었습니다. 해당 과정을 경험 중 엑스퍼트컨설팅에서 ESG 평가를 진행한다는 소식을 접하였습니다. 최근 엑스퍼트컨설팅이 대학과 연계하여 ESG 평가를 진행하는 방향성이 신 시장을 개척하고 있다고 느꼈습니다. 현실에 안주하지 않고 경영평가의 새로운 모델을 구축하는 비전이 저에게는 인상 깊게 남았습니다. 엑스퍼트컨설팅에 입사하여 경영평가의 새로운 트렌드 구축에 함께하고 싶습니다.

2. 동아리, 학과, 회사 등에서 경영평가 능력을 습득하고 향상시키기 위해 노력해 본 경험에 대해 기술해 주세요.

마이클컨설팅에서 인턴으로 근무하며 경영평가 관련 다양한 능력을 습득하였습니다. 인턴 초기 BEP 분석 기술과 재무 DB 활용하여 경영평가 정보 수집한 경험이 있습니다. 이는 대학에서 경영평가 기술 관련 수업 및 실습을 바탕으로 정보수집 결과를 도출하였습니다. 현업 담당자의 조언과 실습 경험을 바탕으로, 체계적으로 경영평가 정보를 수집할 수 있었습니다. 인턴 과정 중 경영평가 관련 정보를 분류해달라는 요청을 받았습니다. 저는 관련 교과목에서 재무적 정보와 비재무적 정보로 분류한 경험이 있어 이와 맞게 정보 분류 모델을 설립하였습니다. 그러나 현장에서의 경영평가 정보 분류가 다양한 체계로 이루어져 있었습니다. 현업 담당자는 단순 재무적, 비재무적 분류체계가 아닌 통신법과 조직내규 등을 고려하여 세부 분류해야 한다고 알려주었습니다.

또한 근무하면서 예산 및 결산 업무를 수행하였습니다. 예산가이드 작성, 사업계획수립, 투자계획수립, 결산 결과 반영 등 예산 편성·심의 과정을 경험하면서 그 중요성을 이해할 수 있었습니다. 특히 정확한 환경분석을 통해 사업계획 및 신사업투자계획을 수립하고, 이를 예산에 반영하는 과정을 경험하면서 전반적인 경영 현황을 이해할 수 있었습니다. 제가 인턴 과정을 거치지 않았다면 현장의 실질적 과정들을 익히지 못하였을 것 같습니다. 따라서 인턴 경험을 하며 현장에서 활용하는 경영평가 관련 정보 수집 절차를 익혔습니다. 저는 이론 및 실습을 산업 현장에서 실제 활용하고 미흡한 부분을 보완하였습니다. 해당 경험을 바탕으로 마이클주식회사에서 경영평가와 더욱 고도화된 ESG 업무를 맡아 진행하고 싶습니다.

3. 대학 생활, 사회생활 등 조직 내에서 문제 발생 시 본인이 주도로 해결한 경험에 대해 기술해 주세요.

저는 2020년 마이클컨설팅에서 경영평가 직무 인턴으로 근무하였습니다. 주로 경영평가 관련 정보 수집 업무를 맡았습니다. 인턴 생활 초기 신규 평가 요소 정보를 수집해야 하는 상황이 있었습니다. 해당 업무의 담당자들은 새로운 평가 요소 관련 정보에 익숙하지 못해 업무를 기피하고 있었습니다. 저 또한 해당 업무에 익숙하지 않았으며 주변의 도움을 받지 못하였습니다. 다행히 유사 업종에서 일하는 친구의 도움으로 동종업계가 해당 평가 요소를 선행 조사 및 평가한 사실을 알게 되었습니다. 저는 경영평가 자료가 내부 혹은 관련 기관을 바탕으로 조사를 해야 한다는 고정적 관념이 있었습니다. 해당 자료를 찾아 동종업계의 사례를 바탕으로 벤치마킹 가능한 모델을 업무 회의 때 제출하였습니다. 이러한 경험을 바탕으로 경영평가 관련 정보수집 업무에서는 제 자신의 조사 능력과 더불어 관련 업무자 인터뷰 및 동종업계 자료 확보가 중요하다는 점을 배웠습니다.

〈표 20〉 직무능력 중심 취업(채용)의 경험·경력 기술서 예시(경영기획 분야)

경험·경력 기술서
• 입사지원서에 기술한 직무 경력이나 직무 관련 기타 활동에 대해 상세히 기술해 주시기 바랍니다. • 경력을 기술할 경우 구체적으로 직무영역, 활동/경험/수행 내용, 본인의 역할 및 구체적 행동, 주요 성과에 대해 작성해 주세요. • 경험(직무 관련 기타 활동)을 기술할 경우 구체적으로 본인이 수행한 활동 내용, 소속 조직이나 활동에서의 역할, 활동 결과에 대해 작성해 주시기 바랍니다.
• 마이클진흥원에서 아르바이트생으로 근무하며 경영지원 파트에서 보조 업무를 3개월간 진행하였습니다. 주로 경영평가팀에서 내부환경 조사 및 인터뷰 업무를 진행하였습니다. 우수 인턴으로 선발되어 인센티브를 받은 경험도 있습니다. • 마이클컨설팅에서 6개월간 경영평가 부서에서 인턴 생활을 하였습니다. 주된 업무는 경영평가 내·외부 평가 자료조사 후 정량적, 정성적으로 분류하였습니다. 해당 자료를 공유 대상, 조직내규, 보안규정에 따라 세분화 가이드라인 구축에도 참여하였습니다. 또한 내부 부서 평가를 위해 반구조 인터뷰를 기획하고 실행한 경험이 있습니다.

3. 필기전형(직업기초능력과 직무수행능력)

직무능력 중심 취업(채용)의 필기전형은 현업 업무와 직무능력에 기반하여 평가 문항을 개발하며 직무능력 순으로 선발할 수 있는 타당도가 높은 선발 도구이다. 기존 필기전형과 다르게 직무능력 중심 필기전형이 갖고 있는 특징은 다양한 직무맥락을 적용하고, 단순한 인지능력이 아닌 직무상황판단 및 문제해결력을 평가한다는 것이다. 직무능력 중심 채용의 평가를 준비하기 위해서는 "NCS홈페이지 학습모듈"을 참고할 수 있다. 이는 능력단위 별로 구성되어 있어 필기 문항으로 연계가 쉽고, 내용타당도를 제고할 수 있다.

[그림 12] NCS 학습모듈에서 필기시험 참고하기

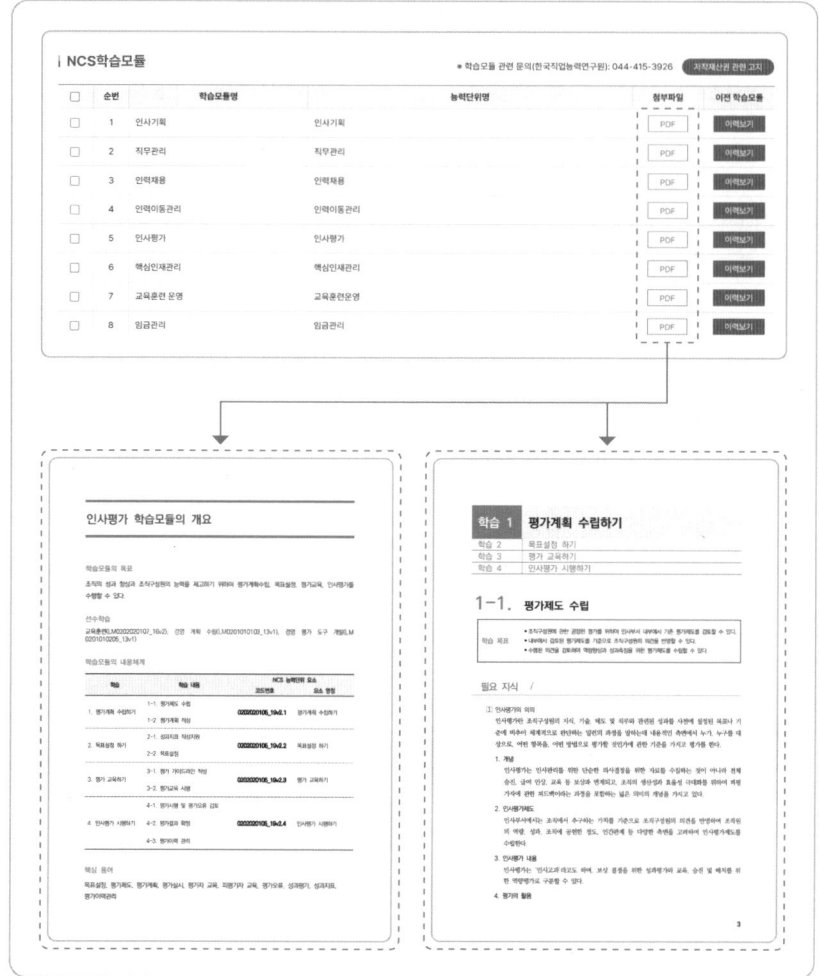

〈표 21〉 직무능력 중심 취업(채용)의 필기전형 예시

직무능력 중심 필기전형(상황문제 예시)	
문항은 "지시문 + 상황 + 답지"로 구성하여야 함	
지시문	문제 내용
상황(Context)	상황 묘사, 실제 업무 상황에서 사용하는 문서, 이메일, 대화 내용 등을 제시
답지	객관식 답지
* 지식(Knowledge)과 기술(Skill)에 대해서는 별도 설명 없음	
상황문제	[지시문] 다음 보기는 보험범죄에 대한 설명이다. 어떤 보험범죄에 해당되는지 고르시오. [상황] 주부 A씨는 남편의 주도하에 기왕증인 당뇨병을 숨기고 수십 건의 보험계약을 체결하였다. A씨는 보험에 가입하기 전까지 기록이 남지 않도록 동생과 지인의 건강보험증을 이용하여 치료를 받고, 보장성 보험에만 집중적으로 가입하였다. 특히 의사의 수술 권유에도(고액의 보험금을 노리고) 이를 거부하고 당뇨합병증으로 인한 양안실명에 이르게 하여 ○○억 원의 보험금을 편취하였다. 이 일을 주도한 A씨의 남편은 구속기소 후 징역을 선고 받았다. [답지] ① 보험금을 편취 목적으로 자살, 자해, 고의 사고를 발생시키는 경우 ② 진단서, 청구서 등을 허위로 위·변조하여 보험금을 청구하는 경우 ③ 치명적인 질병, 장해(재해) 등을 숨기고 의도적으로 보험에 가입한 경우 ④ 상습, 반복적 장기 입원·통원 또는 병원 의사가 과잉 치료를 조장하는 경우

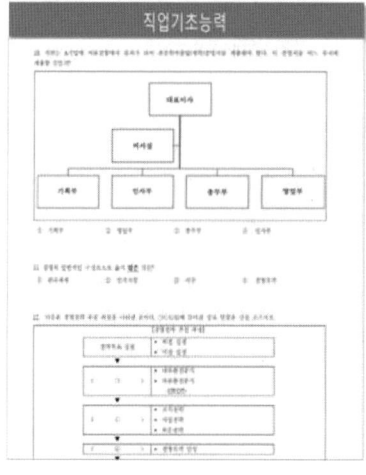

4. 면접전형(직업기초능력과 직무수행능력)

직무능력 중심 취업(채용)에서의 면접전형은 면접관이 지원자에게 질의하거나 지원자의 발표와 토론을 관찰하여 조직 및 직무 적합성을 평가하는 과정이다.

면접에서는 심층적인 질의응답 또는 지원자 간 상호작용을 통하여 직무 수행에 필요한 인성, 능력 검증이 가능하다. 대표적인 면접전형은 구술 면접과 시뮬레이션 면접이 있으며, 특성, 비용 및 운영 측면을 고려하여 적합한 유형을 선정한다.

〈표 22〉 직무능력 중심 취업(채용)의 면접전형

구분	구술면접(경험/상황)	시뮬레이션면접(발표/토론)
방법	질의응답을 통해 개인의 성격, 태도, 동기, 가치 등의 특성을 평가	과제를 부여한 후, 지원자들이 과제를 수행하는 과정과 결과를 관찰하여 평가
면접위원 역할	해당 역량이 드러날 수 있는 적절한 시작(Main) 질문과 심층(Proving) 질문으로 평가	평가하고자 하는 역량을 판단할 수 있는 행동들을 정확히 관찰, 기록하고 평가
대표 유형	경험 면접, 상황 면접	발표 면접, 토론 면접, 역할연기, 서류함기법
장점	개인의 다양한 인성과 능력평가 적합	개인의 직무능력 요소를 평가하는 데 적합

또한 질문 제시 방식에 따라서 구조화 면접과 비구조화 면접, 그리고 그 중간의 반구조화 면접으로 나누어 볼 수 있다.

[그림 13] 구조화에 따른 구술 면접의 구분

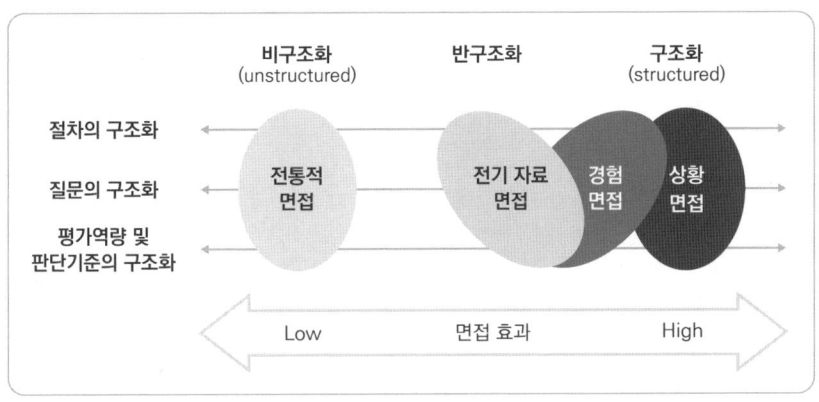

예를 들어, 경험 면접은 지원자의 역량에 관한 증거가 될 수 있는 과거 사건·상황에 대해 지원자 판단, 판단의 이유, 행동 의도 등을 질문하는 방식이다. 사람들은 일관되게 행동하며 이러한 특성은 쉽게 바뀌지 않는다고 가정하여, 과거 행동은 미래 행동을 타당하게 예측한다.

[그림 14] 직무능력 중심 채용에서의 경험 면접 평가 문항 예시(일반판매)

능력 단위	매장판매 마무리	정의	고객의 구매 확정 후 요구사항 충족을 위하여 판매 상품에 대한 결제와 포장, 배송 의뢰, 고객에 대한 환송과 판매 상품을 배송할 수 있는 능력이다.
주 질문			세부 질문
A. 고객에게 상품 판매 마무리 절차를 어떻게 진행했는지 말씀해 주시기 바랍니다. (관련 경력이 없을 경우 유사 경험, 관련 교육 과정 중 해당 사례의 학습 경험을 질문)			[상황/과제] • 말씀해 주신 내용은 언제, 어느 조직(단체)에서, 누구와 같이 경험했던 상황인가요? • 맡으신 과제의 세부적인 내용은 무엇입니까? 왜 그런 과제를 수행하게 된 것입니까? • 이 상황에서 어떤 생각(감정)이 들었습니까?
B. 매장 판매 후 상품 배송을 위해 어떤 절차를 진행했는지 말씀해주시기 바랍니다. (관련 경력이 없을 경우 유사 경험, 관련 교육 과정 중 해당 사례의 학습 경험을 질문)			[역할] • 당시 속한 조직(단체)에서 어떤 역할을 맡았습니까? • 특별히 지시받은 내용이 있습니까?

주 질문	세부 질문
C. 고객에게 상품 배송 완료 후 상품 이상 유무를 확인을 어떻게 하였습니까? (관련 경력이 없을 경우 유사 경험, 관련 교육 과정 중 해당 사례의 학습 경험을 질문)	[행동] • 그 역할 또는 과제를 보다 효과적으로 수행하기 위해 어떤 노력을 했습니까? • 어떤 의도를 가지고 그런 행동을 하셨습니까? [결과] • 행동의 결과는 어떠했습니까? 추후 성과라고 인정받은 것은 무엇이 있나요? • 미흡한 점은 무엇이었나요? 개선할 점은 무엇인가요?
D. 고객의 상품 구매 후 결제 방식에 따라 어떻게 결제를 처리했는지 말씀해 주시기 바랍니다. (관련 경력이 없을 경우 유사 경험, 관련 교육 과정 중 해당 사례의 학습 경험을 질문)	

직업기초 능력	대인관계 능력	정의	업무를 수행함에 있어 접촉하게 되는 사람들과 문제를 일으키지 않고 원만하게 지내는 능력이다.

주 질문	세부 질문
A. 고객의 매장의 환경에 대해 불만(예: 이벤트로 인한 소음 발생, 재고 정리 중 고객의 동선 방해 등)을 제기했을 때 대처했던 경험이 있다면 말씀해 주시기 바랍니다.	[상황 및 문제] • 말씀해 주신 내용은 언제, 어느 단체에서, 누구와 같이 경험했던 상황인가요? • 해당 경험의 구체적인 내용 및 상황에 대해서 구체적으로 말씀해 주십시오. • 이 경험을 통해 어떤 생각(감정)이 들었습니까? [역할] • 당시 속한 단체에서 어떤 역할을 맡으셨는지 구체적으로 말씀해 주십시오. • 특별히 지시를 받거나 내린 적이 있습니까?
B. 매장 판매를 하면서 동료와 의견 충돌로 언쟁을 나눴을 때 원만하게 해결했던 경험이 있다면 말씀해 주시기 바랍니다.	[행동] • 그 문제를 해결했던 과정(절차)을 순서대로 말씀해 주십시오. • 그 역할 또는 문제해결을 보다 효과적으로 수행하기 위해 어떤 노력을 했습니까? • 어떤 의도를 가지고 그런 행동을 하셨습니까? 문제해결 시 가장 어려웠던 점은 무엇이었나요? [결과] • 경험의 결과는 어떠했습니까? • 아쉬웠던 점은 무엇이었나요? 개선할 점은 무엇인가요?

PART 2.

청년을 위한 취업 코칭 솔루션

I. 청년을 위한 기업(직무) 분석

II. 청년을 위한 입사지원서 및 자기소개서 준비

III. 직업기초능력 및 직무수행능력 평가 준비

IV. 면접전략 및 태도 등 면접 준비

청년이 준비해야 하는 취업 코칭 솔루션을 「2022년 능력중심채용모델 청년 구직자 가이드북」에서 제시한 취업 준비 프로세스에 따라 「기업(직무) 분석 → 입사지원서(자기소개서) → 직업기초능력 및 직무수행능력 평가 → 면접 전략 및 태도 등 면접 준비」의 20개 체크리스트 중심으로 살펴본다.

I 청년을 위한 기업(직무) 분석

이 장에서는 청년들이 기업(직무)을 어떻게 분석하는지, 4개의 체크리스트에 따라 구체적인 전략을 제시한다. 먼저, 지원하고자 하는 기업을 결정한 후 기업의 최근 채용 공고문을 확인할 수 있는 방법과 지원하고자 하는 직무 분야를 정한 후, 해당 직무 분야에서 어떤 업무를 수행하는지 파악하는 방법을 제시한다. 또한, 지원 희망 기업의 채용 프로세스별 특징을 파악하고, 지원 희망 기업의 평가 역량에 대하여 분석하는 방법을 제시한다.

학습목표
1. 지원하고자 하는 기업을 결정한 후 기업의 최근 채용 공고문을 확인할 수 있다.
2. 지원하고자 하는 직무 분야를 정한 후, 해당 직무 분야에서 어떤 업무를 수행하는지 파악할 수 있다.
3. 지원 희망 기업의 채용 프로세스별 특징을 파악할 수 있다.
4. 지원 희망 기업의 평가 역량에 대하여 분석할 수 있다.

1. 지원하고자 하는 기업의 최근 채용 공고문 확인

체크리스트 1. 지원하고자 하는 기업을 결정한 후 기업의 최근 채용 공고문을 확인하였습니까?

취업을 하기 위해서는 가장 먼저 지원하고자 하는 기업을 결정한 후 기업의 최근 채용 공고문을 확인해야 한다.

우리나라 취업과 관련된 정보를 찾아보기 위해서는 정부에서 운영하는 워크넷www.work.go.kr을 통해 채용 정보, 훈련 정보, 직업·진로, 채용박람회, 고용복지정책, 취업의 모든 것을 검색해 볼 수 있다.

[그림 15] 워크넷(www.work.go.kr)을 통한 채용정보 확인

기업의 채용 방식은 기업에 따라 다양하다. 대기업은 주로 회사 홈페이지를 통해 입사지원서를 받거나 이메일과 우편 및 방문 접수로 지원을 받는 곳도 있다.

중소기업은 홈페이지에 채용공고를 등록하는 경우도 있지만 대부분 취업포털사이트에 채용공고를 등록하고, 취업포털사이트와 이메일을 통해 지원을 받고 있다.

청년들은 대기업이나 공기업뿐 아니라 중소·중견기업, 스타트업 기업 등 다양한 가능성을 찾을 수 있다. 유명 외국계 기업은 경쟁이 치열하지만, 조금만 관심을 가지면 잘 알려지지는 않았지만 훌륭한 근로 조건과 복지를 갖춘 건실한 외국계 기업을 찾을 수 있다.

이 밖에 공공기관이 있는데, 통계청에 따르면 공공기관 취업

을 희망하는 취업 준비생의 비율이 2019년 9.9%에서 2020년 13.9%로 증가한 것으로 나타났다. 공공기관 취업을 준비하는 구직자라면 알아야 할 공공기관 취업의 장점과 주의 사항, 공공기관의 종류에 대해 알아야 한다.

이 밖에 기업(직무) 관련 정보는 국가직무능력표준www.ncs.go.kr의 공정채용-채용정보 쪽에서 찾아볼 수 있다.

[그림 16] 국가직무능력표준(www.ncs.go.kr)을 통한 채용정보 확인

2. 해당 직무 분야에서의 수행업무 파악

체크리스트 2. 지원하고자 하는 직무 분야를 정한 후, 해당 직무 분야에서 어떤 업무를 수행하는지 파악하였습니까?

지원하고자 하는 직무 분야를 정한 후, 해당 직무 분야에서 어떤 업무를 수행하는지 파악해야 한다. 이를 위해서는 직무기술서를

클릭해서 확인한다. 직무기술서는 취업(채용)하고자 하는 직무의 내용과 수행 요건에 관한 정보를 구체적으로 파악할 수 있도록 정리한 자료다.

청년들은 직무기술서를 통해 지원 직무의 내용과 수행 요건을 구체적으로 확인함으로써 자신의 비전 및 적성과 지원 직무와의 적합성 여부를 판단할 수 있고, 무엇을 준비해야 하는지에 관한 정확한 정보를 파악할 수 있다.

채용분야 직무기술서는 국가직무능력표준의 공정채용-채용정보-직무 및 직무기술서를 클릭하고, 그중에 해당 기관을 클릭한다. 여기서는 한국콘텐츠진흥원을 예시로 제시하고자 한다.

[그림 17] NCS 공정채용에서 직무기술서 확인(한국콘첸츠진흥원 클릭)

한국콘텐츠진흥원을 클릭해서 직무기술서를 다운받으면 다음 [그림 21]과 같이 채용 분야와 NCS분류체계 및 직업기초능력, 참고사이트 및 기관의 사업영역에 대한 정보를 제시한다.

채용 분야는 "콘텐츠산업 연구·조사" 분야고 NCS 분류체계에 따르면 대분류는 08. 문화·예술·디자인·방송이고, 중분류는 03. 문화콘텐츠와 01. 문화·예술이고, 소분류는 03. 문화콘텐츠·유통·서비스와 01.문화예술경영이며, 능력단위는 10. 매체연구개발과 04. 문화정책연구다. 직업기초능력은 의사소통능력, 수리능력, 자원관리능력, 문제해결능력, 정보능력, 대인관계능력, 직업윤리다.

[그림 18] 한국콘텐츠진흥원 직무기술서에서의 채용 분야

채용 분야		콘텐츠산업 연구·조사			
		대분류	중분류	소분류	능력단위
NCS 분류 체계	콘텐츠산업 연구·조사	08. 문화·예술·디자인·방송	03. 문화콘텐츠	03. 문화콘텐츠유통·서비스	10. 매체 연구 개발
		08. 문화·예술·디자인·방송	01. 문화·예술	01. 문화예술경영	04. 문화정책 연구
		※ 콘텐츠산업 연구·조사 분야와 100% 일치한 NCS 분류가 없으므로 아래 직무수행내용, 필요능력, 필요지식, 필요기술, 직무수행태도 우선 참조			
직업기초능력		○ 의사소통능력, 수리능력, 자원관리능력, 문제해결능력, 정보능력, 대인관계능력, 직업윤리			
참고사이트		○ NCS 분류체계 및 직무 내용관련 세부사항은 NCS 사이트(http://www.ncs.go.kr) 참조			
기 관 사업영역		○ 콘텐츠 제작지원, 유통·마케팅·금융(가치평가) 지원, 해외진출 지원, 창업 및 인큐베이팅 지원, 인재양성 및 취업 지원, 장르별 콘텐츠 산업 육성(방송/게임/음악/패션/만화/스토리/애니메이션/캐릭터산업), 창·제작인프라 조성 및 정보제공, NEW 콘텐츠 발굴·육성 지원, 문화기술(CT) 육성, 콘텐츠산업 정책개발 및 연구·조사			

이 밖에 한국콘텐츠진흥원의 직무기술서의 "콘텐츠산업 연구·조사" 채용 분야의 직무수행내용과 이 분야에서 필요한 능력 및 지식, 기술, 태도 등이 제시된 내용은 [그림 22]와 같다.

"콘텐츠산업 연구·조사" 채용 분야의 직무수행내용은 공통적으로 콘텐츠산업 관련 연구·조사의 기획·설계·수행, 콘텐츠산업 이슈 분석 및 보고서 작성, 콘텐츠산업 정책 개발 및 내·외부 자문, 콘텐츠 산업 연관 거시·미시 통계/데이터 생성과 산업정보분석, 콘텐츠 산업 진흥을 위한 법·제도 개선 및 지원 정책 개발이다.

필요능력으로는 국내외 콘텐츠 산업·정책 정보 수집/취합/가공

및 분석 능력, 효율적이고 정확한 보고서 작성 및 정보 전달 능력, 분석 결과에 대한 해석 및 전망을 통한 업무 적용, 정책 대응 능력, 적합한 조사분석 기법 적용 능력, 통계 프로그램 활용 능력, 분석 결과표 작성 능력, 산업통계 데이터 분석 능력이다.

[그림 19] 한국콘텐츠진흥원 직무기술서에서의 직무수행내용·필요능력·지식·기술·태도

	직 무 설 명
직무수행내용	○ (공통) 콘텐츠산업 관련 연구·조사의 기획·설계·수행 ○ (공통) 콘텐츠산업 이슈 분석 및 보고서 작성 ○ (공통) 콘텐츠산업 정책 개발 및 내·외부 자문 ○ (공통) 콘텐츠 산업 연관 거시·미시 통계/데이터 생성과 산업정보분석 ○ (공통) 콘텐츠 산업 진흥을 위한 법·제도 개선 및 지원 정책 개발
필요능력	○ 국내외 콘텐츠 산업·정책 정보 수집/취합/가공 및 분석 능력 ○ 효율적이고 정확한 보고서 작성 및 정보 전달 능력 ○ 분석 결과에 대한 해석 및 전망을 통한 업무 적용, 정책 대응 능력 ○ 적합한 조사분석 기법 적용 능력, 통계 프로그램 활용 능력, 분석 결과표 작성 능력, 산업 통계 데이터 분석 능력
필요지식	○ 국내외 경제 및 콘텐츠산업 동향 전반에 대한 이해 및 전문지식 ○ 연구 수행을 위한 조사방법론 및 분석기법 적용 지식 ○ 산업 분석을 위한 국내외 통계자료, 경제·산업 데이터, 지표 등에 대한 지식 및 활용 방법
필요기술	○ 콘텐츠 산업분석 및 정책 연구조사 프로젝트 수행 능력 ○ 정보 전달을 위한 보고서 작성 및 프레젠테이션 기술 ○ 산업통계, 산업지표, 정량데이터, 빅데이터 분석 등을 위한 프로그램(SAS, SPSS, STATA, R, Python 등) 활용 기술
직무수행태도	○ 콘텐츠산업 현장을 다양한 분야와의 연관성 속에서 통합적으로 이해하고 새로운 관점을 도입하는 개방성과 적극적인 이슈 발굴 노력 ○ 문제 해결 및 예측성을 높이기 위한 적극적·전략적·창의적·분석적 사고 ○ 데이터/자료 간 상호관련성을 파악하고 함의를 도출하는 종합적·융합적 사고 ○ 콘텐츠산업의 발전과 새로운 정책개발에 적극적인 태도
참고	○ 위 직무기술서는 한국콘텐츠진흥원의 채용과 관련된 대표적인 NCS를 일부 선정하거나 혼합·변경하여 작성되었습니다. 기관의 주요사업 변경 및 내·외부 상황에 따라 변경될 수 있음을 양지하여 주시기 바랍니다.

3. 지원 희망 기업의 채용 프로세스별 특징 파악

체크리스트 3. 지원 희망 기업의 채용 프로세스별 특징을 파악하고 있습니까?

청년들은 지원하는 기업의 채용 프로세스별 특징을 파악해야 한다. 일반적으로 "채용공고-서류전형-필기전형-면접전형" 프로세스를 따르고 있다.

먼저, 채용공고는 모집 분야별 직무특성에 맞는 능력요소를 직무기술서에서 추출하여 활용하므로 직무에 필요한 능력요소를 지원자에게 분명하게 전달하는 역할을 한다. 서류전형은 개인신상 중심의 정보는 배제하고, 지원 직무와 관련된 능력요소 관련 경험이나 정보를 작성하도록 지원서를 제시해야 하고, 필기전형은 NCS의 주요 능력요소와 수준체계를 활용하여 직무수행능력과 직업기초능력의 핵심요소를 평가할 수 있는 문항을 개발하여 적용하며, 면접전형은 다양한 면접 도구를 구조화하여 직무수행능력과 직업기초능력을 평가하되, 각 기업의 특성과 현황, 핵심역량 등을 접목하여 현장에 맞게 적용한다.

[그림 20] 직무능력 취업(채용)의 일반적인 프로세스

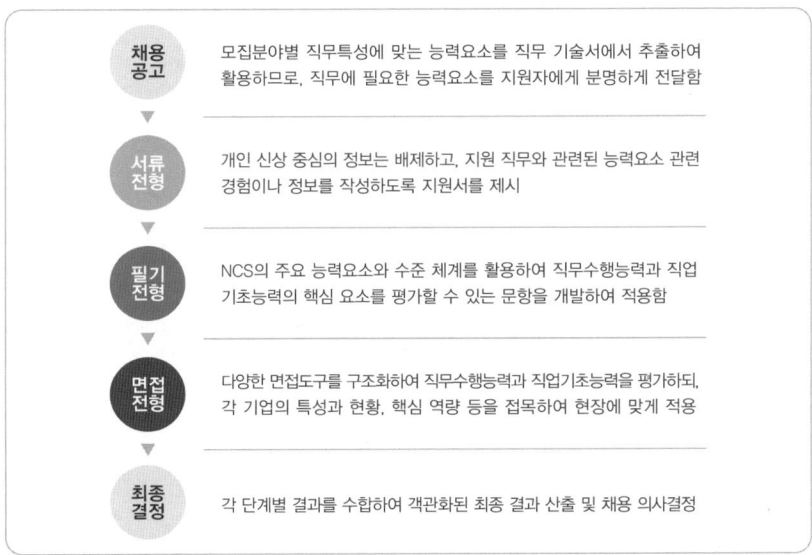

각 기업에서 서류전형-필기전형-면접전형에 따라 응시 규모와 경쟁 강도(경쟁률), 선발 가치 및 평가 방식 등을 파악해야 한다.

〈표 23〉 채용프로세스(서류전형-필기전형-면접전형)별 특징

구분	서류전형	필기전형	면접전형
응시 규모	지원자 전체	적격여부 20~30배수	3~5배수
경쟁 강도 (경쟁률)	높음	매우 높음 (20:1~30:1)	낮음 (3:1~5:1)
선발 가치	타당성/객관성	객관성	타당성
평가 방식	정량/정성평가	정량평가	정성평가

여기서는 한국콘텐츠진흥원의 채용 공고문을 [그림 21]과 같이 클릭한다.

[그림 21] 한국콘텐츠진흥원 채용공고

한국콘텐츠진흥원의 채용 공고문을 클릭하면 채용 전형과 지원서 접수 일정과 심사 항목이 자세하게 제시되어 있다. 지원자들은

이 부분을 꼼꼼하게 살펴보아야 한다.

[그림 22] 한국콘텐츠진흥원 채용프로세스별 특징

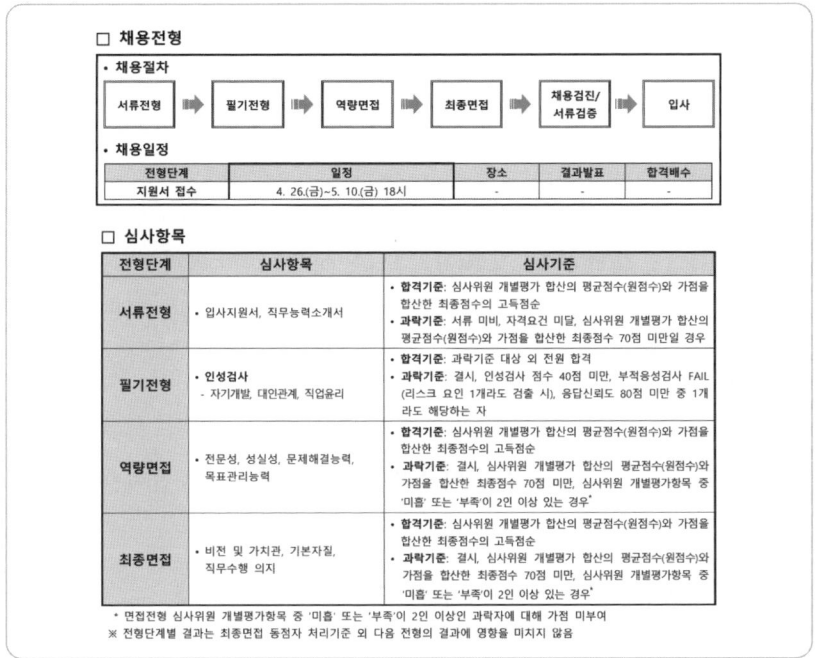

4. 지원 희망 기업의 평가 역량 분석

체크리스트 4. 지원 희망 기업의 평가 역량에 대하여 분석하였습니까?

 청년들은 지원하는 기업에서 어떻게 면접 평가를 하는지 미리 파악하고 준비할 필요가 있다.
 먼저 대기업은 주로 1차 실무진 면접과 2차 임원 면접으로 구성되는데, 1차 실무진 면접에서는 주로 경험 면접, 프리젠테이션 면접, 토론 면접, 창의성 면접(행동 면접) 등을 통해 직무 적합성과 조직 적합성을 평가한다. 2차 임원 면접에서는 주로 인성 면접(개별 심층 면접)으로 인성과 가치관(직업관/인생관), 사회적 이슈 등 딜레마 상황 등과 지원 동기 및 조직 이해 부분에 대해서 평가한다. 중소기업은 주로 역량 면접과 개별 면접 중심으로 이루어지고 지원자가 제출한 서류를 기반으로 질문하므로, 자기소개서 등 기재 사항에 대한 구체적 증거를 준비할 필요가 있다.

인사 담당자에게 긍정적인 인상을 줄 수 있도록 하고 적합 인재가 없을 시 재채용도 가능하므로 혹시라도 사정이 생겨 불참하게 되더라도 노쇼No Show는 하지 말고 반드시 미리 연락한다. 다시 기회가 주어질지도 모른다. 공공기관은 철저한 구조화 면접으로 다양한 면접 전형을 융합적으로 활용한다. 특히 경험 면접을 기본으로 하여 진행되며 인바스켓 형태의 상황 면접이 확대되고 있다.

〈표 24〉 NCS 기반 평가 매트릭스

구분	평가 요소	개별면접 (BEI, SI)	그룹토의 (GD)	발표 면접 (PT)
직무 수행 태도	원활한 의사소통	●	●	●
	경영철학의 정확한 이해	●		
	창의적 사고	●		●
	유관조직 부서와의 협력적 관계 유지		●	
	지속적인 확인과 검토			
	다양한 의견의 적극적 수용		●	
	합리적 의사결정	●		●
	정확한 업무처리	●		●
	평가의 객관성과 공정성 유지	●		

구분	평가 요소	개별면접 (BEI, SI)	그룹토의 (GD)	발표 면접 (PT)
직업 기초 능력	의사소통능력	●	●	●
	문제해결능력	●		●
	정보능력			
	수리능력			
	대인관계능력	●	●	
	자원관리능력	●		
	자기개발능력	●		

면접 유형을 크게 경험 면접(BEI), 개별 면접, 집단 면접, 프리젠테이션 면접, 집단 토론 면접, 상황 면접(인바스켓) 면접으로 구분할 수 있다(황은희, 2024).

경험 면접BEI : Behavior Interview는 과거의 경험을 위주로 한 구조화된 연속된 질문을 통해 지원자의 직무수행능력과 기초 소양, 조직 적응력 등을 평가하는 방식이다. 최근 AI 채용 등에서 많이 활용되는 방식이다.

개별 면접은 여러 명의 면접관이 한 명의 지원자에게 질문을 하는 방식으로, 주로 최종 면접 시에 활용되거나 소수의 인원을 선발할 때 활용되는 방식이다. 지원자에 대한 정보를 자세하게 알아내는 데 유리하다. 대기업에서는 최종 임원 면접에서 주로 개별 면접을 활용한다.

집단 면접은 다수의 면접자가 다수의 지원자를 평가하는 방식으로 주로 많은 인원을 선발할 때 채택되는 방식으로 지원자 간의 비교평가가 용이하다. 지원자들이 답변하는 순서에 따라서 불이익을 당할 수 있다는 단점이 있다.

프리젠테이션 면접은 여러 가지 주제 중에서 하나를 선택하여 자신의 의견을 설득력 있게 표현하는 능력을 가지고 있는지 여부를 평가하는 면접으로, 지원자의 창의력, 전문성, 문제해결능력 등을 다양하게 볼 수 있는 면접 방식이다.

집단 토론 면접은 주어진 주제에 대해 지원자들이 30~40분 정도 토론을 하는 방식으로 지원자들의 토론하는 모습을 통해 판단력·설득력·협동성 등을 평가할 수 있다. 최근에는 찬반 토론보다는 문제 해결을 위한 토의형을 선호한다.

상황 면접은 평가하고자 하는 요소에 대해 지원자에게 가상의 상황 또는 실제 직무 상황을 제시한 후 지원자의 질문에 대한 해석과 지원자의 태도와 행동을 간접적으로 평가하는 면접기법으로 업무 상황에 따른 해결 과정에 대한 주제로 주어진 시간 내에 업무 우선순위를 결정하고 업무처리 과정 및 대안 제시 등의 능력을 확인할 수 있다.

상황 면접에서 최근에 인바스켓 평가 방법으로 주로 활용된다. 조직에서, 특히 관리자들은 해야 할 업무들이 언제나 누적되어 있다. 한 가지를 해결해도 또 새로운 지시, 회의 점검, 기안 등의 연속이다. 이와 같이 제한된 시간 내에 처리해야만 하는 업무가 눈앞에 산적해 있는 현실을 모사한 시뮬레이션이 인바스켓 평가과제이다. 그래서 인바스켓In Basket, IB을 '서류함 기법' 또는 '현안 업무 처리 실습과제'라고 부르는데, 문자 그래도 바구니Basket 안에 담겨 있는 여러 가지 사안들을 어떻게 해결하고 조치하는가를 평가하는 과제이다(이선구, 2015).

청년을 위한 입사지원서 및 자기소개서 준비

이 장에서는 청년들이 입사지원서 및 자기소개서를 어떻게 준비하는지 6개의 체크리스트에 따라 구체적인 전략을 제시한다. 먼저, 입사지원서, 직무능력소개서, 자기소개서에 작성하는 내용과, 지원하려는 직무 분야에 관련된 자격 사항 및 직무 역량 관점에서 본인의 강점을 어필할 수 있는 전략을 제시한다. 또한, 핵심 역량 관점에서 본인의 강점을 어필할 수 전략과 자기소개서 작성 원리 및 자기소개서 작성 전략을 제시한다.

학습목표
1. 입사지원서, 직무능력소개서, 자기소개서에 작성하는 내용을 파악할 수 있다.
2. 지원하려는 직무 분야에 관련된 자격 사항을 보유할 수 있다.
3. 직무 역량 관점에서 본인의 강점을 명확하게 어필할 수 있다.
4. 핵심 역량 관점에서 본인의 강점을 어필할 수 있다.
5. 자기소개서 작성 원리를 파악할 수 있다.
6. 자기소개서 작성 전략을 가질 수 있다.

1. 입사지원서, 직무능력소개서, 자기소개서 작성

체크리스트 5. 입사지원서, 직무능력소개서, 자기소개서에 작성하는 내용을 파악하고 있습니까?

청년들은 지원하고자 하는 기업에서 요구하는 입사지원서와 직무능력소개서 및 자기소개서를 작성해야 한다.

입사지원서는 평가의 목적으로 직무 관련 사항을 기재하도록 요청하는 지원서로써 인적 사항, 교육사항, 경력사항, 자격 사항, 기타 직무 관련 사항 등을 요구한다. 직무능력소개서는 회사에 따라 요구하는 곳도 있고 요구하지 않는 곳도 있지만, 직무능력을 자신의 경험에 기반한 경험 기술서를 작성해 놓으면, 추후 경험 면접을 준비하는 데 도움이 될 수 있다. 즉, 직무 관련 경험 내용을 기술하고, 활동, 경험, 수행 내용 및 역할, 구체적 행동, 주요 성과 등을 작성한다. 자기소개서는 자기 일대기를 기술하는 방법이 아닌 해당 지원자의 지원 동기(조직·직무) 및 조직 적합성(핵심 가치·인재상), 직업기초능력을 평가하기 위한 질문으로 구성된다.

〈표 25〉 입사지원서 및 자기소개서

구분	내용
입사지원서	• (인적사항) 지원자 식별을 위한 최소 정보 • (교육사항) 학교 교육, 직업 교육, 기타 교육 등 • (자격사항) 해당 직무 관련 자격 사항 • (경력사항) 직무 관련 경험 및 경력사항
직무능력소개서	경험 기술서 • 직무 관련 경험 내용을 기술 • 활동, 경험, 수행 내용 및 역할, 구체적 행동, 주요 성과 등을 작성
자기소개서	자기소개서 • 지원 동기(조직, 직무) • 조직 적합성(핵심 가치, 인재상) • 직무 적합성(직무역량)

직무능력 중심 취업(채용)을 위한 입사지원서 및 자기소개서 양식은 다음과 같다.

[그림 23] 직무능력 중심 취업(채용) 입사지원서 양식

직무(능력) 중심 채용 입사지원서

1. 인적사항

지원구분	(신입) (경력)	지원직무		접수번호	
성명	(한글)	(한자)		(영문)	
연락처	(본인)		전자우편		
	(비상용)				

2. 교육사항

직무기술서 내 과업내용을 읽고, 이와 관련된 교육과정(과목)을 이수한 경우 적어주십시오.
(교육내용에 해당하는 직무기술서 내 과업(능력단위)을 기재, 여러 개일 경우 모두 기재)

구분	교육과정(과목)명	교육내용	관련과업(능력단위)

3. 자격사항

직무기술서 내 관련 자격사항을 확인하고, 본인이 해당하는 자격증을 적어주십시오.
유형 1) 국가기술자격, 국가자격, 국가공인민간자격, 기타

자격유형	자격증명	발급기관	취득일자	자격증번호

4. 경험 혹은 경력사항

직무기술서 내 과업내용을 읽고, 이와 관련된 경력·경험이 있을 경우 적어주십시오.

구분	조직명	직위/역할	활동기간(년/월)	주요 과업/활동 내용

5. 기타사항

위 항목에 해당되지 않으나, 직무와 관련 있는 실적이 있을 경우 기재하시오.
(수상실적, 특허, 연구, 기술-상품, 서비스, 창업·창작 등)

· '경력'이란 금전적 보수를 받고 일정기간 일행던 이력 의미
· '경험'이란 금전적 보수를 받지 않고, 본인이 실제 해보거나 겪은 활동 의미

[그림 24] 직무능력 중심 취업(채용) 자기소개서 양식

1. 우리 회사와 해당 직원 직무분야에 지원한 동기에 대해 기술해주세요.

2. 다양한 사회활동을 한 사례에 대해 기술해주세요.

3. 지원 직무에 대한 전문성을 키우기 위해 교육, 경험 및 경력사항에 대해 기술해주세요.

4. 인사업무 또는 팀 과제 수행 중 발생한 갈등을 원만하게 해결해 본 경험이 있습니까?
당시 상황에 대해 설명 및 갈등의 대상이 되었던 상대방을 설득한 과정과 방법을 하단에 기술해주세요.

5. 현재까지 자신의 과거를 돌이켜볼 때, 가장 어려웠던(힘들었던) 상황을 한 가지만 소개해 주시고,
어떤 방법으로 그 상황을 해결했는지를 하단에 기술해주세요. (문제해결능력 측정)

2. 지원하려는 직무 분야에 관련된 자격 사항

체크리스트 6. 지원하려는 직무 분야에 관련된 자격 사항을 보유하고 있습니까?

자격 사항이란 채용공고 및 직무기술서에 제시되어 있는 자격 현황을 토대로 지원자가 해당 직무를 수행하는 데 필요한 능력을 가지고 있는지를 평가하기 위한 항목이다. 채용공고 및 직무기술서에 기재한 직무 관련 필수 또는 우대자격 항목을 확인하여 본인이 보유하고 있는 자격 사항을 기재한다. 자격의 유형에는 국가기술자격과, 국가자격(개별법령에 위한 자격, 예. 변리서, 세무사 등), 국가공인민간자격 및 기타 자격이 있다.

〈표 26〉 직무 관련 자격 사항

자격유형	자격증명	발급기관	취득일자	자격증번호

* 어떤 자격증이 가산점을 받는지 채용공고문을 통해 사전에 확인해야 합니다.

3. 직무 역량 관점에서의 본인의 강점 어필 전략

체크리스트 7. 직무 역량 관점에서 본인의 강점을 명확하게 어필할 수 있습니까?

직무 역량 관점에서 본인의 강점을 명확하게 어필하기 위해서는 우선적으로 직무를 이해하고 있어야 하고, 직무 관련 경험을 쌓아야 하며, 경력개발 Plan을 구성해야 한다.

[그림 25] 직무 역량 관점에서 본인의 강점 어필 전략

직무 이해하기	◆ 워크넷 홈페이지 및 기타 민간 채용 사이트에서 직무 정보를 파악한다. ◆ (공공기관) 직무기술서를 파악한다. ◆ 지원 기업 설명회 탐색(구글 알리미) ◆ 산업별인적자원개발위원회(ISC홈페이지)에서 산업인력수급 동향을 파악한다. ◆ NCS 홈페이지를 활용한다. ◆ dart.fss.or.kr 사업보고서 활용하기(산업 이해)
직무 이해하기	◆ 해당 직무에 지원하기 위해 어떤 노력을 하였는가? ◆ 자격증/인턴/프로젝트/학습 내용
경력 개발 Plan 구성하기	◆ 단기적(3년 이내) 계획은 업무력 향상 관점으로 ◆ 중ㆍ장기적 커리어 플랜 설정

4. 핵심 역량 관점에서의 본인의 강점 어필 전략

체크리스트 8. 핵심 역량 관점에서 본인의 강점을 명확하게 어필할 수 있습니까?

직무 역량 외적으로 기업에서 평가하는 핵심 역량이 무엇인지 기업의 인재상과 관련된 핵심역량을 파악한다. 주로 기업의 홈페이지 등에 고용 브랜딩 전략과 함께 홍보를 하는 경우가 많이 있다. 이에 따라 경험사례 등을 차별성 있게 준비한다.

〔그림 26〕 핵심 역량 관점에서 본인의 강점 어필 전략

기업에서 평가하는 핵심 역량 찾아보기	◆ 팀워크 ◆ 갈등관리 ◆ 문제해결력 ◆ 성취 지향성 ◆ 자원관리 능력. ◆ 분석적 사고력 등
경험사례 정리하기	◆ 핵심 역량을 보여줄 수 있는 경험사례 정리하기 ◆ 스토리가 있는 문제해결 사례 정리하기
차별성 고민하기	◆ 자신만의 이야기를 실제 경험 중심으로 고민하기 ◆ 목표설정-과정 중 어려움-어려움 극복 사례 등 정리하기

5. 자기소개서 작성 원리 파악

체크리스트 9. 자기소개서 작성 원리를 파악하고 있습니까?

자기소개서를 작성하기 위해서는 자기소개서 작성 원리를 파악하고 있어야 한다. 자기소개서는 기업에서 측정하고자 하는 역량을 도출해서 제시하면(역량모델링), 지원자는 본인이 가지고 있는 역량과 매칭하고, 질문 Pool을 개발한다. 이렇게 개발된 문항은 역량기반 지원서샘플을 통해 평가 기준을 설정하고 실제 평가해 본다.

[그림 27] 자기소개서 작성원리 : 자기소개서 문항 개발 및 평가 단계

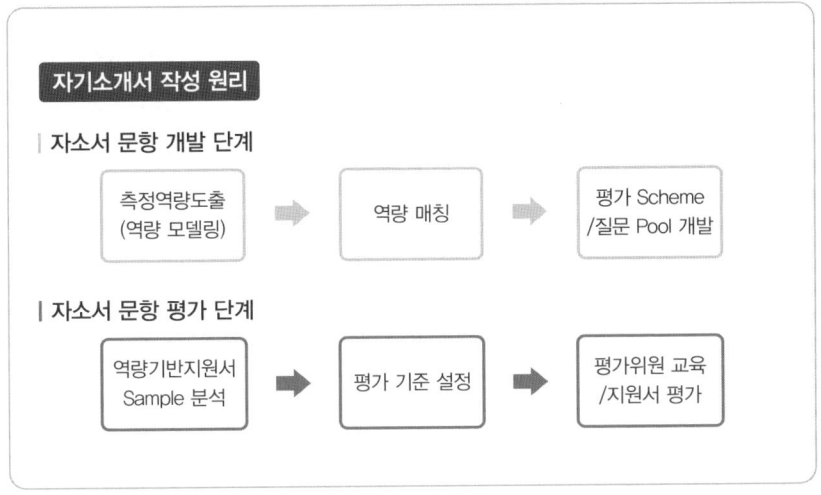

6. 자기소개서 작성 전략 파악

체크리스트 10. 자기소개서 작성 전략을 가지고 있습니까?

자기소개서를 작성 원리를 파악한 후에는 자신이 갖고 있는 역량을 기업에서 요구하는 평가 역량을 기준으로 "역량×시간 매트릭스"를 작성해 본다. 이를 기반으로 자소서 작성 기술(두괄식, 구체적 사례, 차별적 사례)을 활용하여 실제 작성해 본다.

[그림 28] 자기소개서 작성 전략 : 역량×시간 매트릭스 작성해 보기

	'19	'20	'21	'22
도전정신	대학 발표수업	대학 발표수업	다이어트 (헬스)	
팀워크	대학 발표수업	대학 발표수업		경영 동아리
소통	편의점 아르바이트	군대작업	봉사 동아리	
직무역량			경영 동아리	Book Study
…				

- 군대 소재, 체력적 성취 등은 좋은 소재가 아님

직업기초능력 및 직무 수행능력 평가 준비

이 장에서는 청년들이 직업기초능력 및 직무수행능력 평가를 준비하기 위하여 3개의 체크리스트에 따라 구체적인 전략을 제시한다. 먼저, 채용 공고문에서 시험 형태, 평가 영역, 문항 수를 확인하고, 직업기초능력평가 유형 및 풀이 전략을 제시하며, 직무수행능력평가 유형 및 풀이 전략을 제시한다.

학습목표
1. 채용 공고문에서 시험 형태, 평가 영역, 문항 수를 확인할 수 있다.
2. 직업기초능력평가 유형 및 풀이 전략을 알 수 있다.
3. 직무수행능력평가 유형 및 풀이 전략을 알 수 있다.

1. 채용 공고문에서 시험 형태, 평가 영역, 문항 수 확인

체크리스트 11. 채용 공고문에서 시험 형태, 평가 영역, 문항 수를 확인하였습니까?

입사지원서와 자기소개서를 작성한 이후는 채용 공고문에서 시험 형태, 평가 영역, 문항 수를 확인해야 한다. 채용 공고문에는 직업기초능력 평가 영역, 직무수행능력 평가 과목, 시험 유형(객관식, 주관식, 논술), 문항 수, 시험시간, 배점 등이 제시된다.

[그림 29] 직무수행능력 평가 시험과목 예시

직군	모집분야	시험과목
사무	경영/경제	경영학, 경제학, 회계학
	법/행정	법학, 행정학
기술	기계	열역학, 재료역학, 유체역학
	전기/전자	전기기기, 회로이론, 전력공학
	화공/환경	열역학, 공업화학, 연소공학
	전산	데이터베이스, 데이터통신
	건축	건축계획, 건축시공, 건축구조, 건축설비, 건축관계 법규

2. 직업기초능력평가 유형 및 풀이 전략

체크리스트 12. 직업기초능력평가 유형 및 풀이 전략을 알고 있습니까?

직업기초능력평가 유형을 파악하고 이에 따른 풀이 전략을 준비하고 있어야 한다. 먼저, 직업기초능력은 어떻게 구성되어 있는지 파악해야 한다. 부록 1 - 〈표 27〉 참고

다음으로, 직업기초능력 평가의 첫 번째 유형은 직업기초능력 영역에 관련된 특정 개념, 이론 및 기타 배경지식 등을 이해하여 정답을 찾도록 하는 유형이다. 이를 준비하기 위해서는 직업기초

능력 영역에 관련된 개념서 또는 이론서 등을 통해 핵심 개념이나 이론을 이해하고 숙지할 필요가 있다. 직업기초능력 영역에 대한 개념서 및 동영상 강의는 NCS 홈페이지www.ncs.go.kr의 직업기초능력에서 찾아볼 수 있다.

[그림 30] 직업기초능력 개념 이해 동영상(www.ncs.go.kr)

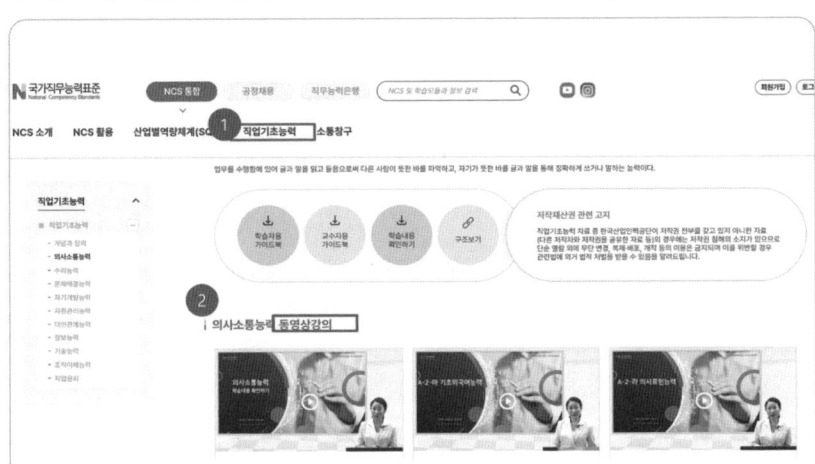

 직업기초능력 평가의 세 번째 유형은 문항에 포함된 제시문을 분석하여 논리적 사고 과정을 통해 정답을 추론하도록 하는 유형이다. 이를 준비하기 위해서는 제시문(텍스트 도표, 그래프, 도식)의 핵심을 이해하고 핵심 정보를 조합하여 빠른 속도로 정답을 추론해 내는 사고 과정을 연습해야 한다.
 직업기초능력 평가의 네 번째 유형은 위의 두 유형이 혼합된 유형으로 위의 준비전략을 통합하여 학습할 필요가 있다. 직업기초능력 평가의 다섯 번째 유형은 직업기초능력 면접 시 나올 수 있는 예상문제를 미리 준비해야 한다.^{부록 2 - 〈표 28〉 참고}

3. 직무수행능력평가 유형 및 풀이 전략

체크리스트 13. 직무수행능력평가 유형 및 풀이 전략을 알고 있습니까?

직업기초능력평가와 마찬가지로 직무수행능력평가도 유형을 파악하고 이에 따른 풀이 전략을 준비하고 있어야 한다. 직무수행능력평가 유형은 개념파악 후, 정보판단형(객관식), 약술형(주관식), 논술형으로 우리가 일반적으로 알고 있는 필기시험 유형이다.

먼저, 직무수행능력이 무엇인지 파악할 필요가 있다. NCS에서 직무수행능력을 나타내는 능력단위 설정 기준은 다음과 같다.

첫째, 한 사람이 수행 가능해야 한다. 능력단위는 하나의 임무duty를 수행하기 위한 한 사람의 최소 업무 범위로 한정되어야 한다.

둘째, 명확한 성과outcome를 도출해야 한다. 능력단위의 수행 결과는 현장에서 요구되는 최소한의 또는 평균 수준의 명확한 성과를 나타내어야 한다.

셋째, 교육훈련 및 평가가 가능해야 한다. 능력단위의 내용 범위는 최소한의 교육훈련 및 평가가 가능한 크기여야 한다.

넷째, 일정한 기능function을 해야 한다. 능력단위는 해당 능력단위 내용 자체로 업무를 수행할 수 있고, 직무 내에서 의미가 있는 역할이어야 한다.

다섯째, 수행하는 직무가 독립적이어야 한다. 능력단위의 내용 및 수준은 다른 능력단위와 독립되어야 한다.

[그림 31] 국가직무능력표준(NCS)에서의 직무수행능력인 "능력단위"의 구성

※ 2010년 합의된 양식에서의 능력단위군이 2013년 분류체계 중심으로 개발이 되어 세분류로 되었고, 이를 NCS로 명명해 옴

〈표 29〉 NCS에서 직무수행능력인 능력단위 구성항목별 내용

구성 항목	내용
① 능력단위분류번호 (competency unit code)	능력단위를 구분하기 위하여 부여되는 일련번호로서 14자리로 표현
② 능력단위명칭 (competency unit title)	능력단위의 명칭을 기입한 것
③ 능력단위정의 (competency unit description)	능력단위의 목적, 업무 수행 및 활용 범위를 개략적으로 기술
④ 능력단위요소 (competency unit element)	능력단위를 구성하는 중요한 핵심 하위능력을 기술
⑤ 수행준거 (performance criteria)	능력단위요소별로 성취 여부를 판단하기 위하여 개인이 도달해야 하는 수행의 기준을 제시
⑥ 지식·기술·태도 (KSA : knowledge, skill, attitude)	능력단위요소를 수행하는 데 필요한 지식·기술·태도
⑦ 적용범위 및 작업상황 (range of variable)	능력단위를 수행하는 데 있어 적용되는 범위와 물리적·환경적 조건 등 고려 사항과 관련 자료, 장비 및 도구, 재료를 제시한 것
⑧ 평가지침 (guide of assessment)	능력단위의 성취 여부를 평가하는 방법과 평가 시 고려되어야 할 사항

구성 항목	내용
⑨ 직업기초능력 (key competency)	능력단위별로 업무 수행을 위해 기본적으로 갖추어야 할 직업능력
⑩ 개발·개선이력 (improvement history)	해당 능력단위의 최초 개발부터 능력단위가 변경된 이력 관리

[그림 32] NCS에서의 대분류-중분류-소분류-세분류-능력단위-능력단위요소 엑셀시트 예시

	A	B	C	D	E	F	G	H	I	J	K	L	M	N
1	대분류코드	대분류코드명	중분류코드	중분류코드명	소분류코드	소분류코드명	세분류코드	세분류코드명	능력단위분류번호	능력단위명칭	수준	능력단위요소번호	능력단위요소수준	수행준거번호
2	01	사업관리	01	사업관리	01	프로젝트관리	01	공적개발원조사업관리	0101010101_17v2	공적개발원조사업 개발전략수립	7	0101010101_17v2	7	1
3	01	사업관리	01	사업관리	01	프로젝트관리	01	공적개발원조사업관리	0101010101_17v2	공적개발원조사업 개발전략수립	7	0101010101_17v2	7	1
4	01	사업관리	01	사업관리	01	프로젝트관리	01	공적개발원조사업관리	0101010101_17v2	공적개발원조사업 개발전략수립	7	0101010101_17v2	7	1
5	01	사업관리	01	사업관리	01	프로젝트관리	01	공적개발원조사업관리	0101010101_17v2	공적개발원조사업 개발전략수립	7	0101010101_17v2	7	1
6	01	사업관리	01	사업관리	01	프로젝트관리	01	공적개발원조사업관리	0101010101_17v2	공적개발원조사업 개발전략수립	7	0101010101_17v2	7	1
7	01	사업관리	01	사업관리	01	프로젝트관리	01	공적개발원조사업관리	0101010101_17v2	공적개발원조사업 개발전략수립	7	0101010101_17v2	7	1
8	01	사업관리	01	사업관리	01	프로젝트관리	01	공적개발원조사업관리	0101010101_17v2	공적개발원조사업 개발전략수립	7	0101010101_17v2	7	1
9	01	사업관리	01	사업관리	01	프로젝트관리	01	공적개발원조사업관리	0101010101_17v2	공적개발원조사업 개발전략수립	7	0101010101_17v2	7	1
10	01	사업관리	01	사업관리	01	프로젝트관리	01	공적개발원조사업관리	0101010101_17v2	공적개발원조사업 개발전략수립	7	0101010101_17v2	7	1
11	01	사업관리	01	사업관리	01	프로젝트관리	01	공적개발원조사업관리	0101010101_17v2	공적개발원조사업 개발전략수립	7	0101010101_17v2	7	1
12	01	사업관리	01	사업관리	01	프로젝트관리	01	공적개발원조사업관리	0101010101_17v2	공적개발원조사업 개발전략수립	7	0101010101_17v2	7	2
13	01	사업관리	01	사업관리	01	프로젝트관리	01	공적개발원조사업관리	0101010101_17v2	공적개발원조사업 개발전략수립	7	0101010101_17v2	7	2
14	01	사업관리	01	사업관리	01	프로젝트관리	01	공적개발원조사업관리	0101010101_17v2	공적개발원조사업 개발전략수립	7	0101010101_17v2	7	2
15	01	사업관리	01	사업관리	01	프로젝트관리	01	공적개발원조사업관리	0101010101_17v2	공적개발원조사업 개발전략수립	7	0101010101_17v2	7	2
16	01	사업관리	01	사업관리	01	프로젝트관리	01	공적개발원조사업관리	0101010101_17v2	공적개발원조사업 개발전략수립	7	0101010101_17v2	7	2
17	01	사업관리	01	사업관리	01	프로젝트관리	01	공적개발원조사업관리	0101010101_17v2	공적개발원조사업 개발전략수립	7	0101010101_17v2	7	2
18	01	사업관리	01	사업관리	01	프로젝트관리	01	공적개발원조사업관리	0101010101_17v2	공적개발원조사업 개발전략수립	7	0101010101_17v2	7	2
19	01	사업관리	01	사업관리	01	프로젝트관리	01	공적개발원조사업관리	0101010101_17v2	공적개발원조사업 개발전략수립	7	0101010101_17v2	7	2
20	01	사업관리	01	사업관리	01	프로젝트관리	01	공적개발원조사업관리	0101010101_17v2	공적개발원조사업 개발전략수립	7	0101010101_17v2	7	2
21	01	사업관리	01	사업관리	01	프로젝트관리	01	공적개발원조사업관리	0101010101_17v2	공적개발원조사업 개발전략수립	7	0101010101_17v2	7	2
22	01	사업관리	01	사업관리	01	프로젝트관리	01	공적개발원조사업관리	0101010101_17v2	공적개발원조사업 개발전략수립	7	0101010101_17v2	7	3
23	01	사업관리	01	사업관리	01	프로젝트관리	01	공적개발원조사업관리	0101010101_17v2	공적개발원조사업 개발전략수립	7	0101010101_17v2	7	3
24	01	사업관리	01	사업관리	01	프로젝트관리	01	공적개발원조사업관리	0101010101_17v2	공적개발원조사업 개발전략수립	7	0101010101_17v2	7	3

[그림 33] NCS에서의 공적개발원조사업관리의 능력단위 화면 예시

순번	분류번호	능력단위명	수준	변경이력	미리보기	선택
1	0101010101_17v2	공적개발원조사업 개발전략수립	7	변경이력	미리보기	☐
2	0101010102_17v2	공적개발원조사업 사업기획	6	변경이력	미리보기	☐
3	0101010103_17v2	공적개발원조사업 PDM수립	5	변경이력	미리보기	☐
4	0101010104_17v2	공적개발원조사업 총괄운영관리	5	변경이력	미리보기	☐
5	0101010105_17v2	공적개발원조사업 프로젝트 집행	4	변경이력	미리보기	☐
6	0101010106_17v2	공적개발원조사업 성과관리	5	변경이력	미리보기	☐
7	0101010107_17v2	공적개발원조사업 평가관리	5	변경이력	미리보기	☐

* 직무순서는 기업별 규모와 특성에 따라 다를 수 있음
(직무순서 정렬 기능은 NCS별 순차적으로 적용할 예정으로 일부 NCS는 추후 적용될 수 있습니다.)

개선의견제안 선택보기 전체보기

직무수행능력이 무엇인지 파악한 후 평가를 준비해야 하는데, 직무수행능력 평가의 첫 번째 유형은 정보 판단형(객관식)이다. 이를 준비하기 위해서는 직무기술서에서 언급된 지식, 기술 부분에

대해서 숙지해야 하고 시험과목으로 선택한 영역에 대해서 기본서를 학습해야 한다. 또한 관련 분야의 개념 위주로 학습해야 한다.

직무수행능력 평가의 두 번째 유형은 약술형(주관식)이다. 이를 준비하기 위해서는 직무기술서에 언급된 지식, 기술 부분에 대해서 숙지해야 하고 직무 관련성이 높은 영역에 대해서 학습해야 한다. 또한 기출 문제 검색을 통해서 중요 개념을 익혀야 한다.

직무수행능력 평가의 세 번째 유형은 논술형이다. 이를 준비하기 위해서는 직무기술서에 언급된 지식, 기술 부분에 대해서 숙지해야 하고 구조적 글쓰기 연습을 해야 한다. 이때 주장하는 의견에 대한 근거를 제시해야 한다.

[그림 34] 직무수행능력 평가 유형 및 준비전략

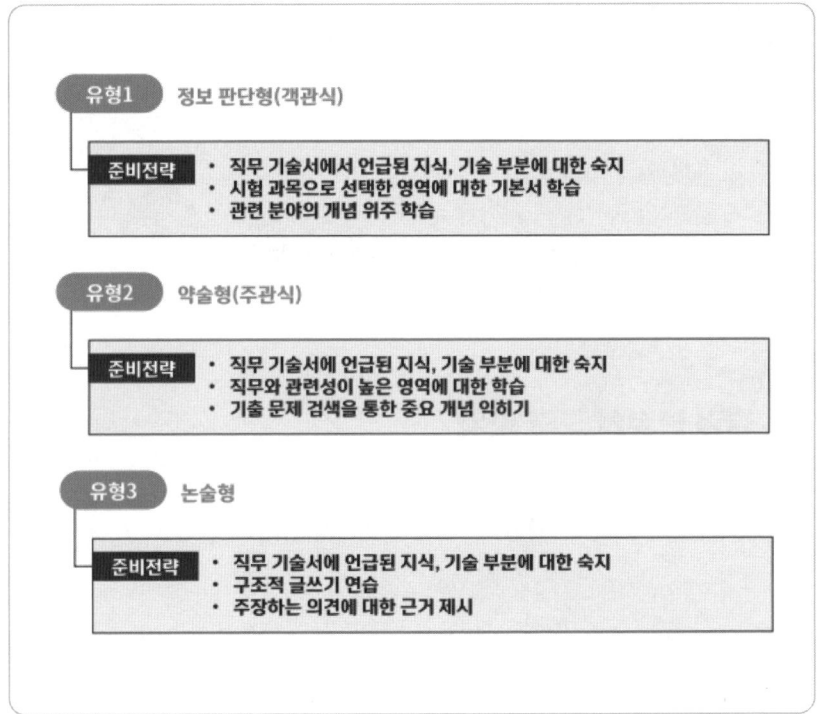

IV. 면접전략 및 태도 등 면접준비

이 장에서는 청년들이 면접 전략 및 태도 등 면접을 준비하기 위하여 7개의 체크리스트에 따라 구체적인 전략을 제시한다. 먼저, 경험 면접의 전략을 제시하고, 다른 사람과 구별되는 본인 경험의 차별성을 제시하며, 발표 면접 전략을 제시한다. 다음으로, 자신의 생각을 논리 정연하게 표현할 수 있도록 제시한 주장에 대한 타당한 근거를 제시할 수 있는 전략과 토론/상황 면접의 종류 및 유의 사항을 살펴본다. 마지막으로 본인이 가지고 있는 부정적 행동지표(불안한 시선, 다리 떨기, 과도한 손동작)를 제시한다.

학습목표
1. 경험 면접의 전략을 파악할 수 있다.
2. 다른 사람과 구별되는 본인 경험의 차별성을 설명할 수 있다.
3. 발표 면접 전략을 파악할 수 있다.
4. 자신의 생각을 논리 정연하게 표현할 수 있다.
5. 토론/상황 면접의 종류를 설명할 수 있다.
6. 토론/상황 면접 유의 사항을 설명할 수 있다.
7. 본인이 가지고 있는 부정적 행동지표를 제시할 수 있다.

1. 경험 면접의 전략 파악

체크리스트 14. 경험 면접의 전략을 파악하고 있습니까?

경험 면접은 지원자의 역량에 관한 증거가 될 수 있는 과거 사건·상황에 대해 지원자의 판단, 판단의 이유, 행동 의도 등을 질문하는 방식이다.

[그림 35] 경험 면접을 위한 역량별 경험사례 정리

역량 명	사례1	사례2	사례의 차별성
의사소통능력			
문제해결능력			
자원관리능력			
자기개발능력			
대인관계능력			
정보능력			
조직이해능력			
직업윤리			

역량별 경험사례 등을 정리하고 각 경험에 따라 「S(Situation: 상황, 어떤 상황이었습니까?)-T(Task:과제, 어떤 일을 했습니까?)-A(Action: 행동, 어떻게 행동했습니까?)-R(Results:결과, 결과는 어땠습니까?)」에 따라 차별성을 정리할 필요가 있다.

[그림 36] "문제해결능력"을 평가하기 위한 경험 면접 예시

직업기초능력	문제해결능력	정의	업무를 수행함에 있어 문제 상황이 발생하였을 경우, 창조적이고 논리적인 사고를 통하여 이를 올바르게 인식하고 적절히 해결하는 능력이다.

■질문

주 질문	세부 질문
A. 자신이 속한 조직생활 중 발생한 문제를 주도적(또는 창의적)으로 해결한 경험이 있습니까?	[상황 및 문제] ·어떤 상황에서 어떤 문제에 닥쳤으며, 해당 문제를 해결하게된 이유는 무엇인가? ·말씀해주신내용은 언제, 어느 조직(단체)에서, 누구와 같이 경험했던 상황인가요? ·해당 경험의 구체적인 내용 및 상황에 대해서 구체적으로 말씀해주세요. ·이 상황에서 어떤 생각(감정)이 들었습니까? [역할] ·그 문제 상황/과제 중 본인이 맡은 직무와 책임은 무엇인가? ·당시 속한 조직(단체)에서 어떤 역할을 맡았습니까? ·특별히 지시 받은 내용이 있습니까?
B. 자신이 인생에서 겪은 문제상황 중 가장 힘든 문제는 무엇이었습니까?	[행동] ·그 문제를 해결하기 위해서 본인이 취한 조치(액션)는 무엇인가? ·그 문제를 해결했던 과정(절차)을 순서대로 말씀해주십시오. ·그 역할 또는 문제해결을 보다 효과적으로 수행하기 위해 어떤 노력을 했습니까? ·어떤 의도를 가지고 그런 행동을 하셨습니까? 문제해결 시 가장 어려웠던 점은 무엇이었나요? [결과] ·조치를 취한 결과(output)와 성과(outcome)는 무엇인가? ·행동의 결과는 어떠했습니까? 추후 성과라고 인정받은 것은 무엇이 있나요? ·아쉬웠던 점은 무엇이었나요? 개선할 점은 무엇인가요?

2. 본인 경험의 차별성 파악

체크리스트 15. 다른 사람과 구별되는 본인 경험의 차별성이 있습니까?

경험사례 중 다른 사람과 구별되는 차별성을 찾기 위해서는 첫째, 본인이 경험했던 상황에 대한 복잡성을 높인다. 본인 수행한 과업이 매우 힘든 과업임을 알리고, 다른 사람들이 어렵게 판단하고 있다는 근거를 제시하며, 여러 가지 과업이 복합적으로 얽혀 있음을 설명한다. 둘째, 다양한 행동을 제시한다. 본인이 수행한 활동을 최대한 자세하게 나열하고, 수행한 활동을 소단위로 제시한다. 예를 들어, 원인을 분석한 행동, 대안 제시를 위한 행동, 설득을 위한 행동 등이다. 셋째, 경험사례의 차별성을 검토한다. 작성한 활동의 주어를 다른 사람의 주어로 변경하였을 때, 이야기가 자연스럽다면 차별화된 사례라고 볼 수 없다. 부록 4 - 〔그림 36〕 참고

3. 발표 면접 전략 파악

체크리스트 16. 발표 면접 전략을 파악하고 있습니까?

발표 면접을 잘하기 위해서는 첫째, 자료 분석 및 논리력을 키워야 한다. 주장하고자 하는 논점을 정확히 파악하고, 주장한 내용을 직무 내용과 연관 지어 설명하며 도출된 논리과정을 근거를 제시해서 설명한다. 둘째, 논리적 표현 기술을 길러야 하고 셋째, 모의 면접을 통해 실전 감각을 높여야 한다. 부록 5 - 〔그림 36〕 참고

4. 자신의 주장을 논리 정연하게 표현

체크리스트 17. 자신의 생각을 논리 정연하게 표현할 수 있습니까? (제시한 주장에 대한 타당한 근거를 제시할 수 있습니까?)

발표 면접을 위해 준비한 논리에 대해 이를 뒷받침할 수 있는 근거를 제시해야 한다. 이를 위해서는 논리적 표현 기술을 이해해야 하는데, 논리적 표현 기술에는 다양한 방법이 있지만, 주로 많이 활용되는 형태는 "As-Is/To-Be" 형태, "2×2 Matrix 형태", "Grouping" 형태, "그래프 자료 활용" 형태 등이 있다.

[그림 39] 발표 면접을 위한 논리적 표현 기술의 예시

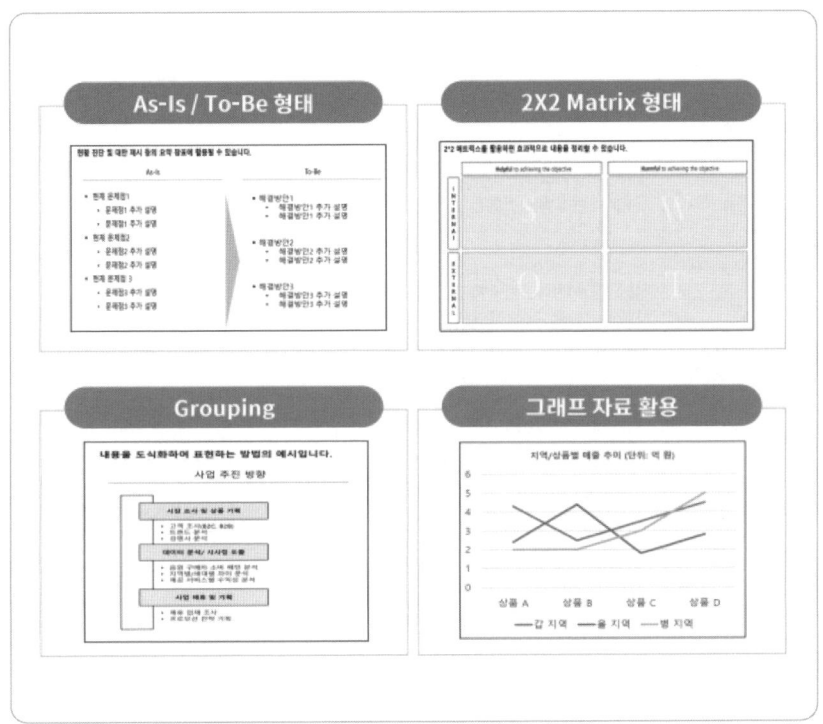

5. 토론/상황 면접의 종류 파악

체크리스트 18. 토론/상황 면접의 종류를 알고 있습니까?

토론 면접의 최근 동향은 찬반 토론을 넘어 창의적으로 문제를 해결하는 것이다. 상황 면접은 주어진 상황에서 지원자의 판단, 판단의 이유, 행동 의도 등을 질문하는 방식이다.

토론/상황 면접의 유형으로는 리더 그룹 토론 면접, 비즈니스 케이스Business Case, 협상 과제, 롤플레이Role Play가 있으며, 각 유형별 특징은 다음과 같다.

[그림 40] 토론/상황 면접 종류 및 특징

도구	설명	특징	평가 가능 역량
Leader Group Discussion	정해진 룰 없이 지원자들끼리 특정 주제에 대해서 논의하는 과제	팀 리더 구성단계부터 상호작용을 검증할 수 있음	의사소통능력, 대인관계능력, 논리적사고력 등
Business Case	제시된 자료를 토대로 기업 이슈를 분석하고 주장을 펼치는 면접	복합적 자료 분석을 통한 문제해결이 필요함	전략적사고, 구조화 능력, Business Sense 등
협상 과제	서로 다른 두 팀이 더 높은 점수를 얻기 위해 디베이팅하는 과제	상충하는 조건들을 어떤 조건을 세워 협상하는지 관찰	의사소통능력, 대인관계능력, 문제해결능력 등
Role Play	실제 고객을 응대하는 장면에서 지원자를 평가하는 면접	고객 대응 장면에서 지원자의 대처방안을 평가	고객 마인드, 긍정적 마인드, 전략적 사고 등

6. 토론/상황 면접의 유의 사항

체크리스트 19. 토론/상황 면접의 유의 사항을 알고 있습니까?

토론과 상황 면접 시 유의 사항은 다음과 같다.

[그림 41] 핵심 역량 관점에서 본인의 강점 어필 전략

> 첫째 명확하게 의사를 전달하고 있는가? (두괄식으로 말하기)
> 둘째 제시하는 근거가 타당한가?
> 셋째 발표 시 태도가 불량하거나 자세가 흐트러지지는 않는가?
> 넷째 (경청) 다른 사람을 배려하면서 논의하고 있는가?

7. 본인이 가지고 있는 부정적 행동지표 파악

체크리스트 20. 본인이 가지고 있는 부정적 행동지표를 알고 있습니까?

청년들이 취업을 준비하는 데 있어서 마지막으로 체크해야 하는 것은 본인이 가지고 있는 부정적 행동지표이다.

면접 전에는 지각하지 않아야 하며, 복장이 단정한지 체크한다. 면접 중에는 불안한 시선, 불명확한 의사전달, 다리 떨기, 경청하지 않기, 발언 기회 독점, 흥분 등의 항목을 체크한다. 면접 마무리 단계에서는 연봉 및 복리후생에 지나친 관심을 보이거나, 조직에 대한 비현실적인 포부를 드러내지 않는지 체크한다.

[그림 42] 면접 시 자주 나타나는 부정적 행동 예시

구분	부정적 행동
면접 전	▪ 면접 장소에 지각
	▪ 너무 튀거나 혐오감을 주는 복장
면접 중	▪ 시선을 제대로 맞추지 못함
	▪ 의사 전달이 명확하지 않음
	▪ 다리를 떨거나 과도하게 몸을 움직임
	▪ 다른 사람들의 대화에 경청하지 못함
	▪ 본인의 발언 기회를 독점함
	▪ 쉽게 흥분하고 말소리가 빨라짐
Final Speech	▪ 직무적합도보다 연봉, 복리 후생에만 관심을 둠
	▪ 조직에 대한 이해 없이 비현실적인 포부를 드러냄

PART 3.

기업을 위한 채용 코칭 솔루션

Ⅰ. 채용의 기획 및 운영
Ⅱ. 채용공고문 개발
Ⅲ. 서술형 평가 문항 개발
Ⅳ. 면접전형 운영
Ⅴ. 채용검증 의뢰 절차

기업이 준비해야 하는 채용 코칭 솔루션을 「2022년 능력중심채용모델 인사담당자」에서 제시한 채용 평가 프로세스에 따라 "채용의 기획 및 운영→채용 공고문 개발→서술형 평가문항 개발→면접전형 운영→채용검증" 프로세스별 구체적인 전략을 살펴본다.

채용의 기획 및 운영

이 장에서는 기업에서 채용을 어떻게 기획하고 운영해야 할지 설계하는 단계로 9개의 체크리스트 중심으로 제시하고자 한다. 먼저, 채용 평가 프로세스 설계 시 고려 사항을 검토하고, 둘째, 채용 평가 프로세스별 활동 사항을 이해하며, 셋째, 채용절차법 등 정책 지침 위반 사항을 채용 과정에 적용한다. 넷째, 직무수행능력 선발기준을 선정하여 평가도구와 매칭시키고, 다섯째, NCS를 활용하여 채용 단계별 평가 요소를 설계한다. 여섯째, 평가 요소를 고려하여 선발전형을 설계하고, 일곱째, 해당 직무능력을 평가하기에 적합한 기법들을 결정하고 전형별 평가 형식을 설계한다. 여덟째, 평가 요소에 대한 행동지표를 도출하고, 아홉째, 선발시스템에 설계 원칙에 대해 이해하고 적용한다.

학습목표
1. 채용 평가 프로세스 설계 시 어떠한 사항을 고려해야 하는지 설명할 수 있다.
2. 채용 평가 프로세스를 설계하고 각 주요 활동 사항을 설명할 수 있다.
3. 채용절차법 등 정책 지침 위반 사항을 알고 있으며, 이를 채용 과정에 적용할 수 있다.
4. 직무수행능력 선발기준을 선정하여 평가도구와 매칭시킬 수 있다.
5. NCS를 활용하여 채용 단계별 평가 요소를 설계할 수 있다.
6. 평가 요소를 고려하여 선발전형을 설계할 수 있다.
7. 해당 직무능력을 평가하기에 적합한 기법들을 결정하고 전형별 평가 형식을 설계할 수 있다.
8. 평가 요소에 대한 행동지표를 도출할 수 있다.
9. 선발시스템에 설계 원칙에 대해 이해하고 이를 적용할 수 있다

1. 채용 평가 프로세스 설계 시 고려 사항 검토

체크리스트 1. 채용 평가 프로세스 설계 시 어떠한 사항을 고려해야 하는지 알고 있습니까?

중소기업의 인사담당자 고민은 "공고를 내도 지원자들이 오지 않는다", "사람 뽑아도 금방 나간다" 등이다. 중소기업의 열악한 환경 탓으로만 돌리기보다는 원인을 진단하고 이를 해결하려는 노력을 기울일 필요가 있다. 예를 들어, 공고를 내도 지원자들이 오지 않는 이유는 지원자 모집 루트가 협소하다는 점과 기업의 특장점 등에 대한 안내가 부족할 수도 있는 것이다. 사람을 뽑아도 금방 나가는 이유 중의 하나는 비구조화된 면접이나 구직자에게 잘못된 정보 제공으로 인한 짧은 리텐션Retention일 수도 있다.

채용은 확보하고자 하는 분야에 적합한 인재를 선발하는 과정이고, 이는 체계적이고 과학적으로 설계해야 한다. 채용 평가를 시작할 때는 다음의 사항을 미리 고려해야 한다.

[그림 43] 채용 평가 프로세스 설계 시 고려할 사항

- ☑ 부서별, 직무별로 얼마나 많은 인원을 채용할 것인가?
- ☑ 어떤 인재를 채용하고 싶은가?
- ☑ 얼마나 많은 시간과 비용을 들여야 하는가?
- ☑ 어떠한 절차를 사용할 것인가? 직무별로 공통 프로세스를 상정할 수 있는가?
- ☑ 필요한 인재들을 어떻게 유인하고 모집할 것인가?
- ☑ 어떠한 도구를 사용할 것인가?
- ☑ 어떠한 사람들을 평가자로 활용할 것인가?
- ☑ 외부의 도움을 필요로 하는가? 가치를 가장 많이 부가할 수 있는 곳은?
- ☑ 지원자들에게 회사에 대한 인상을 어떻게 심어줄 것인가?

최근 공정채용에 대한 이슈가 부각되면서 채용제도에 대한 진단이 중요해졌다. 특히 공정채용 컨설팅 가이드 북을 통해 채용 단계별 체크리스트가 제시되었다.

먼저, 채용하고자 하는 분야에 적합 지원자가 모이도록 하는 첫 단계가 '채용공고'이다. 공정채용을 위해 채용 공고 단계에서 현황 진단을 하는 방법에는 여러 가지가 있다. 우선 채용 분야, 채용 분야 관련 정보, 선발인원, 자격요건 등 필수적인 정보가 공고문에 제시돼야 한다. 이는 지원자의 입장에서 봤을 때 깜깜이 채용으로 여겨지지 않게끔 하기 위한 것이다. 특히 채용 분야의 업무 내용, 필요 역량, 자격증 등을 명확하게 제시함으로써 허수 지원자를 줄이는 노력도 필요하다. 또한 공고문의 차별금지 법률 저촉 및 우대 법률 준수 여부, 가산점과 우대사항 등의 충분한 고지 여부를 확인해야 한다. 이후 채용 진행 과정에서 공고문과 다르게 변경된 사항이 있는지도 체크해야 한다.

둘째, 서류접수 단계에서는 지원자를 위한 편의 제공과 개인정보 보안이 잘 이뤄질 수 있도록 해야 한다. 우선 지원자의 궁금증 해소 또는 민원 조치를 위한 담당자의 연락처 및 도움 창구가 마련돼 있는지 확인해야 한다. 또한, 원서접수 기간이 지원자가 충분한 시간을 갖고 지원할 수 있을 정도로 설정돼 있는지도 진단해야 한다. 서류전형 단계에서는 공정한 평가가 이뤄지도록 하기 위해 선입견을 줄 수 있는 지원자의 정보가 평가위원에게 제공됐는지, 외부 평가위원을 활용했는지, 자격·경력 등의 증빙서류가 자격요건 등 공고 기준과 부합하는지 등을 확인해야 한다. 또한 응시원서와 제출 서류에서 가족관계, 신체 조건 등 편견을 유발할 수 있는 정보를 요구하고 있는지도 점검해야 한다.

셋째, 필기전형 단계에서는 문제 보안, 약자에 대한 편의 제공, 관리·감독이 철저히 이뤄져야 한다. 이를 위해 문제 유출 방지와 외부인 무단침입 통제 여부, 필기시험 감독관을 대상으로 한 사전 교육 실시 여부를 확인해야 한다. 또한 장애를 가진 지원자가 필기시험에 응할 경우 이에 대응할 수 있는 편의 서비스가 준비돼 있는지도 점검해야 한다.

넷째, 면접전형 단계에서는 면접을 구조화하고 오류를 줄이기 위해 노력해야 한다. 이를 위해 면접 시간과 면접 선발기준 및 검증을 위한 질문이 잘 구성되고 진행됐는지 확인해야 한다. 또한, 평가 오류를 줄이기 위해서는 평가자 교육이 진행됐는지와 평가자에게 제공되는 자료가 편견을 줄 수 있는지를 점검해야 한다.

다섯째, 합격자 결정 단계에서는 합격자 결정에 대한 정확성과 합격자 발표 이후의 지원자 편의를 높이기 위해 노력해야 한다. 이를 위해 합격자 결정의 채용 기준 준수 여부와 발표 진행의 준수 여부를 확인해야 하며, 불합격자에 대한 불합격 사유 고지 및 이의 제기 절차에 대해 점검해야 한다.

2. 채용 평가 프로세스별 주요 활동 사항 이해

체크리스트 2. 채용 평가 프로세스를 설계하고 각 주요 활동 사항을 이해하고 있습니까?

직무능력 중심의 채용에서는 기업 규모와 상황과 채용 분야의 직무를 분석해서 전형을 설계하고, 전형별로 차별이나 편견이 개입될 가능성이 있는 평가 요소가 있는지 검토할 필요가 있다. 채용평가 프로세스는 크게 직무분석, 채용설계, 선발전형도구 개발, 선발전형 운영 및 평가로 요약할 수 있다.

먼저, 직무분석단계는 직무능력 선정과 직무분석이 이뤄져야 한다. 직무능력은 기업의 인재상과 채용 직무에 대한 내부 자료(직무기술서, 직무명세서, 역량사전 등) 또는 국가직무능력표준(이하 NCS) 등을 활용해 관련 능력들을 도출·정의한 것이다. 이렇게 도출·정의된 평가 요소들은 각 채용 단계별로 직무능력 관련 평가 항목을 선정하고, 객관적 평가를 위한 평가 기준을 개발하는 데 쓰인다. 이때 평가 요소로서의 직무능력은 역량Competency과 유사한 개념으로, NCS에서는 직업기초능력과 직무수행능력이 이에 해당된다.

둘째, 채용설계단계는 일정·비용·채용 프로세스 등의 계획을 수립하고 전형 방법 및 절차와 관련한 선발전형을 설계한다. 여기서는 서류전형-필기전형-면접전형 각 단계별로 편견 유발 요소를 검토한 뒤 제외하는 것이 중요하다. 이때 현행법령의 규정, 차별에 대한 사회적 인식, 채용 직무에 필수적인 조건인지 여부, 사업상 필요성 등을 고려해 선발평가 시 제외할 요소를 결정한다.

이와 관련해 채용과 관련된 5대 법률(고용정책기본법, 남녀고용평등과 일·가정 양립 지원에 관한 법률, 고용상 연령차별금지 및 고령자고용촉진에 관한 법률, 장애인차별금지 및 권리구제에 관한 법률, 국가인권위원회법)은 모든 국민의 기본적인 인권과 평등권을 보장하는 헌법을 바탕으로 채용 과정에서의 차별금지 항목을 구체적으로 규정하고 있다. 이때 채용에서의 차별이란 합리적인 이유 없이 '성별, 나이, 장애, 학력, 출신학교, 출신 지역, 외모' 등 직무와 직접적인 관련이 없는 지원자의 개인적인 특성을 기준으로 특정 지원자를 우대·배제·차별하거나 불리하게 대우하는 경우를 의미한다.

그러나 ① 기업이나 직무의 특성상 반드시 필요한 자격요건에 해당하는 경우 ② 이미 존재하는 차별을 개선하기 위해 특정 지원자를 우대하는 경우(사회형평적 채용, 적극적 고용개선조치 등) 등의 합리적인 이유가 있으면 차별로 보지 않는다. ①에서 직무상 필요한 조건에 해당되는지를 판단하기 위해서는 그 조건에 따라 직무의 본질적인 의무를 수행할 수 있는지를 고려해야 한다. 예를 들어 성별의 경우 환자 도우미나 기숙사 사감 등의 직무에서는 필요조건이 되지만, 육체노동이 상당하다는 이유로 여성을 배제하거나 섬세함의 필요성 등을 이유로 남성을 배제하는 것은 직무상의 필요조건을 충족하지 못한다(김면식 외, 2023).

셋째, 선발전형도구 개발단계는 위에서 설명한 채용설계 과정에서 선발전형별 편견 유발 요소를 제거한 이후에는 선발전형별 평가도구를 개발해야 한다. 먼저 채용 직무의 내용·수준 및 직무요건 등을 명시한 '직무기술서'를 개발한다. 그리고 채용 분야·지원 자격·근무 조건·채용 절차 및 일정을 중심으로 한 '채용공고'를 개발한다. 다음으로 입사지원서, 자기소개서, 경험 및 경력 기술서 등의 '서류전형 평가도구'와 직무 수행 및 직업기초능력을 평가할 수 있는 '필기전형 평가도구'를 개발한다. 마지막으로 면접전형에서 활용할 상황·경험 면접 등의 구술 면접과 토론·발표 면접 등의 과제면접 평가도구를 개발해야 한다.

마지막으로, 선발전형 운영 및 평가 단계로서 선발전형별 평가도구의 개발이 완료된 후에는 실제 선발전형을 운영 및 평가해 최종 채용 의사를 결정할 수 있다.

[그림 44] 채용 평가 프로세스 설계 시 고려할 사항

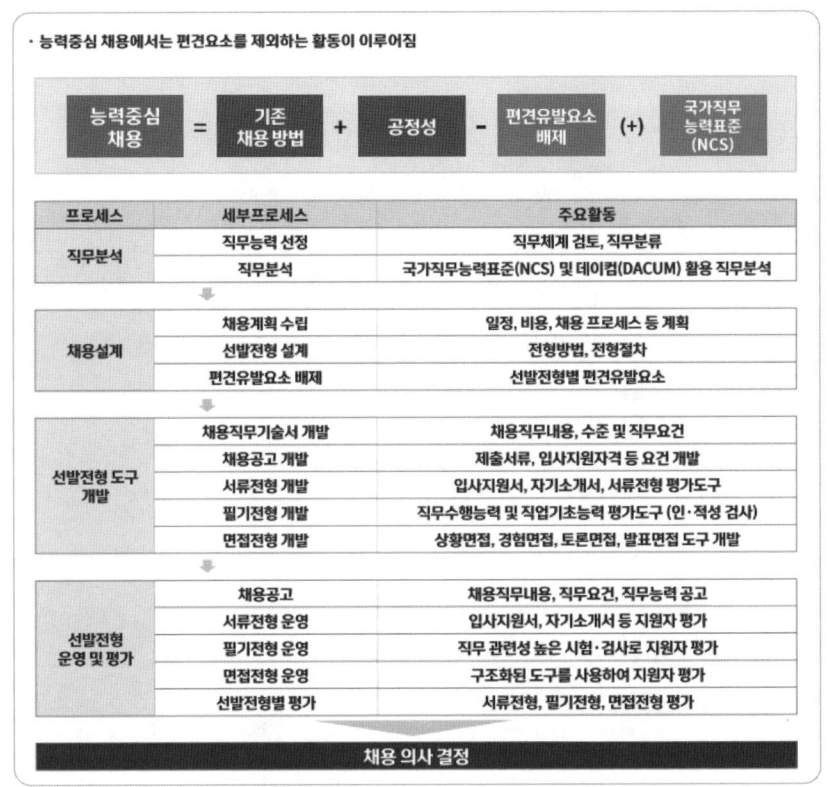

3. 채용절차법 등의 위반 사항 확인 및 적용

체크리스트 3. 채용절차법 등 정책 지침 위반 사항을 알고 있으며, 이를 채용 과정에 적용할 수 있습니까?

채용 담당자의 직무는 법의 테두리 내에서 수행돼야만 한다. 이를 위해 2020년 5월 26일부터 시행된 「채용절차의 공정화에 관한 법률(약칭: 채용절차법)」의 내용을 잘 이해하고 실제 업무에 적용

할 수 있어야 한다. 이 법은 상시 30명 이상의 근로자를 사용하는 기업에 적용되는데, 주요 내용은 다음과 같다.

[그림 45] 채용절차의 공정화에 관한 법률(약칭 : 채용절차법)

제3조(적용범위) 이 법은 상시 30명 이상의 근로자를 사용하는 사업 또는 사업장의 채용절차에 적용한다.
제4조(거짓 채용광고 등의 금지) ① 구인자는 채용을 가장하여 아이디어를 수집하거나 사업장을 홍보하기 위한 목적 등으로 거짓의 채용광고를 내서는 아니 된다.
② 구인자는 정당한 사유 없이 채용광고의 내용을 구직자에게 불리하게 변경하여서는 아니 된다.
③ 구인자는 구직자를 채용한 후에 정당한 사유 없이 채용광고에서 제시한 근로조건을 구직자에게 불리하게 변경하여서는 아니 된다.
④ 구인자는 구직자에게 채용서류 및 이와 관련한 저작권 등의 지식재산권을 자신에게 귀속하도록 강요하여서는 아니 된다.
제4조의2(채용강요 등의 금지) 누구든지 채용의 공정성을 침해하는 다음 각 호의 어느 하나에 해당하는 행위를 할 수 없다.
1. 법령을 위반하여 채용에 관한 부당한 청탁, 압력, 강요 등을 하는 행위
2. 채용과 관련하여 금전, 물품, 향응 또는 재산상의 이익을 제공하거나 수수하는 행위
제4조의3(출신지역 등 개인정보 요구 금지) 구인자는 구직자에 대하여 그 직무의 수행에 필요하지 아니한 다음 각 호의 정보를 기초심사자료에 기재하도록 요구하거나 입증자료로 수집하여서는 아니된다.
1. 구직자 본인의 용모 · 키 · 체중 등의 신체적 조건
2. 구직자 본인의 출신지역 · 혼인 여부 · 재산
3. 구직자 본인의 직계 존비속 및 형제자매의 학력 · 직업 · 재산
제7조(전자우편 등을 통한 채용서류의 접수) ① 구인자는 구직자의 채용서류를 사업장 또는 구인자로부터 위탁받아 채용업무에 종사하는 자의 홈페이지 또는 전자우편으로 받도록 노력하여야 한다.
② 구인자는 채용서류를 전자우편 등으로 받은 경우에는 지체 없이 구직자에게 접수된 사실을 제1항에 따른 홈페이지 게시, 휴대전화에 의한 문자전송, 전자우편, 팩스, 전화 등으로 알려야 한다.
제8조(채용일정 및 채용 과정의 고지) 구인자는 구직자에게 채용일정, 채용심사 지연의 사실, 채용 과정의 변경 등 채용 과정을 알려야 한다. 이 경우 고지방법은 제7조 제2항을 준용한다.
제9조(채용심사비용의 부담금지) 구인자는 채용심사를 목적으로 구직자에게 채용서류 제출에 드는 비용 이외의 어떠한 금전적 비용(이하 "채용심사비용"이라 한다)도 부담시키지 못한다. 다만, 사업장 및 직종의 특수성으로 인하여 불가피한 사정이 있는 경우 고용노동부장관의 승인을 받아 구직자에게 채용심사비용의 일부를 부담하게 할 수 있다.
제10조(채용 여부의 고지) 구인자는 채용대상자를 확정한 경우에는 지체 없이 구직자에게 채용 여부를 알려야 한다. 이 경우 고지방법은 제7조 제2항을 준용한다.
제11조(채용서류의 반환 등) ① 구인자는 구직자의 채용 여부가 확정된 이후 구직자(확정된 채용대상자는 제외한다)가 채용서류의 반환을 청구하는 경우에는 본인임을 확인한 후 대통령령으로 정하는 바에 따라 반환하여야 한다. 다만, 제7조 제1항에 따라 홈페이지 또는 전자우편으로 제출된 경우나 구직자가 구인자의 요구 없이 자발적으로 제출한 경우에는 그러하지 아니하다.
② 제1항에 따른 구직자의 채용서류 반환 청구는 서면 또는 전자적 방법 등 고용노동부령으로 정하는 바에 따라 하여야 한다.
③ 구인자는 제1항에 따른 구직자의 반환 청구에 대비하여 대통령령으로 정하는 기간 동안 채용서류를 보관하여야 한다. 다만, 천재지변이나 그 밖에 구인자에게 책임 없는 사유로 채용서류가 멸실된 경우 구인자는 제1항에 따른 채용서류의 반환 의무를 이행한 것으로 본다.
④ 구인자는 대통령령으로 정한 반환의 청구기간이 지난 경우 및 채용서류를 반환하지 아니한 경우에는 「개인정보 보호법」에 따라 채용서류를 파기하여야 한다.
⑤ 제1항에 따른 채용서류의 반환에 소요되는 비용은 원칙적으로 구인자가 부담한다. 다만, 구인자는 대통령령으로 정하는 범위에서 채용서류의 반환에 소요되는 비용을 구직자에게 부담하게 할 수 있다.
⑥ 구인자는 제1항부터 제5항까지의 규정을 채용 여부가 확정되기 전까지 구직자에게 알려야 한다.
제13조(입증자료 · 심층심사자료의 제출 제한) 구인자는 채용 시험을 서류심사와 필기 · 면접시험 등으로 구분하여 실시하는 경우 서류심사에 합격한 구직자에 한정하여 입증자료 및 심층심사자료를 제출하게 하도록 노력하여야 한다.

모든 법과 마찬가지로 채용절차법도 위반 행위에 대해서는 제재와 권고가 진행된다. 즉, 채용절차법도 제재 규정과 권고 규정으로 구분돼 있으며, 제재 사항과 관련해 채용 과정에서 위반이 발견될 경우 즉시 형사고발 혹은 과태료가 부과되고, 권고사항에 대해서는 이행준수 협조를 당부하게 된다. 제재 규정과 권고 규정의 주요 내용과 수단은 다음과 같다.

〈표 31〉 채용 단계별 진단 체크리스트

구분	주요내용	제재 수단
거짓 채용 광고 금지 (제4조 제1항)	채용을 가장하여 아이디어를 수집하거나 사업장 홍보 목적 등으로 거짓채용광고 금지	5년 이하 징역 또는 2,000만 원 이하 벌금
	주요 사례 • 지원자가 제출한 채용서류 등에 포함된 설계, 그림, 사진 등과 관련한 저작권 등 지식 재산권을 구인자에게 귀속하도록 강요한 사례 • 채용을 가장해 아이디어를 수집하거나 사업장을 홍보한 사례 • (거짓 채용광고) B기업은 채용광고에서는 소정의 기본급이 있다고 언급했으나, 면접과정에서 기본급은 전혀 없고 100% 성과급이라고 일방적으로 통보	
내용·근로조건 변경 금지 (제4조 제2항, 제3항)	정당한 사유 없이 광고 내용의 불리한 변경 및 채용 이후 채용광고보다 근로조건 불리하게 변경 금지	500만 원 이하 과태료
	주요 사례 • 임금, 고용형태, 근로시간, 근로장소 등 채용광고의 내용을 정당한 사유 • 없이 지원자에게 불리하게 변경한 사례 • (일방적 채용 전형 취소) A기업은 신입사원 채용 진행 중 면접 당일 이메일·문자로 채용 전형이 취소되었다고 지원자에게 통보. 관할 고용노동지청에서 조사를 실시한 결과, 이 외에도 다수 모집단위에서 일방적으로 채용 전형이 취소된 것을 확인 → 채용절차법 제4조 제2항을 위반한, 정당한 사유 없는 채용광고의 불리한 변경으로 판단해 과태료 300만 원 부과	

구분	주요내용	제재 수단
채용강요 등 금지 (제4조의2)	1. 법령 위반 채용 관련 부당한 청탁·압력·강요 금지 2. 채용 관련 금품 등 제공·수수 금지	3,000만 원 이하 과태료
출신지역 등 개인정보 요구 금지 (제4조의3)	직무 무관 정보 서류상 요구·수집 금지 1. 구직자 본인의 용모·키·체중 등 신체적 조건 2. 구직자 본인의 출신지역·혼인 여부·재산 3. 구직자 본인의 직계 존비속 및 형제자매의 학력·직업·재산	500만 원 이하 과태료
	주요 사례 • (직무무관 정보 수집) D호텔은 채용 사이트에 조리팀 사무관리직원 채용광고를 게재하면서 입사지원서에 직무 수행과 관련 없는 지원자 본인의 키와 몸무게, 가족의 학력 등 개인정보를 기재하도록 요구 → 관할 고용노동지청은 채용절차법 제4조의3 위반을 근거로 과태료 300만 원을 부과	
채용심사 비용 부담 금지 (제9조)	채용서류 제출비용 외 채용심사 목적의 어떠한 금전적 비용도 지원자에게 전가 금지	시정명령 → 불이행 시 300만 원 이하 과태료
	주요 사례 • 자치단체에서 공무원 채용 시 「지방공무원 임용령」에 따라 응시수수료를 받을 수 있으나, 이를 비공무원 채용에까지 관행적으로 적용한 사례 • 사립학교에서 교사를 채용하면서 응시수수료를 받은 사례 • 급식조리원을 채용하면서 구직자 부담으로 건강진단서를 발급받도록 한 사례	
채용서류 반환 등 (제11조)	서류 반환 요구 시 반환 의무 및 미반환 서류 파기 서류 반환 비용 구인자 부담	시정명령 → 불이행 시 300만 원 이하 과태료
	주요 사례 • 채용공고에서 "제출된 서류는 일체 반환하지 않는다"라는 내용을 명시한 사례 • 채용 여부가 확정되기 전까지 구직자에게 채용서류 반환 청구에 대하여 고지하지 않아 구직자가 전혀 인지하지 못한 사례 • 채용서류 반환 청구기간까지 보관하지 않고 모두 파기한 사례 • 특수 취급 우편물로 송달하는 우편 요금 외의 채용서류 반환에 드는 비용을 지원자에게 부담시킨 사례	
	• 서류 반환 청구 대비 보관 의무 • 서류 반환·폐기 등에 대한 규정 고지	300만 원 이하 과태료

채용절차법의 주요 권고사항도 확인해야 한다. 첫째, 표준이력서 권장(제5조) 사항이다. 기초심사자료인 응시원서, 이력서, 자기소개서 등에 대한 표준양식 사용을 권장하는 것이다. 둘째, 전자방식 서류접수(제7조) 사항이다. 채용서류를 홈페이지 또는 전자우편으로 받도록 노력해야 한다. 셋째, 채용 일정 및 채용 과정 고지(제8조)사항이다. 채용 일정, 심사 지연 사실, 채용 과정 변경 등을 알려야 한다. 넷째, 채용 여부 고지(제10조)사항이다. 채용대상자 확정 시 지체 없이 채용 여부를 알려야 한다. 다섯째, 입증·심층심사자료 제출 제한(제13조)사항이다. 서류합격자에 한정해 입증자료·심층심사자료를 제출받도록 노력해야 한다.

[그림 46] 채용절차법 등 위반 사항 확인 및 적용

구분	위반 여부	사유
입사지원서 작성 시 기재되는 인적사항 (성명, 주소, 연락처 등), 병역사항	X	• 인적사항과 병역사항은 본인확인 및 지원자격 요건을 확인하기 위해 요구되는 정보이며, 전형위원에게는 공개되지 않음
각종 증명서 내 성명, 출신학교명 등	X	• 전형위원에게 공개되는 자료 아님 - 단, 각종 증명서를 추가서류에 첨부하여 제출하는 경우, 블라인드 위반에 해당
경력사항 중 직장명, 직위 등	X	• 경력사항은 블라인드 채용에서 규제하고 있는 항목에 해당하지 않음
추가서류 중 CV(이력서), 수상실적, 논문 증빙 등	O	• 지원자를 특정할 수 있는 정보가 기재되어 있는 경우, 블라인드 채용기준 위반 ※ 특히, 연구부문 지원자들의 경우 추가서류로 CV(Curriculum Vitae, 이력서) 등을 제출하면서 본인의 성명, 사진, 출신학교, 연락처, 주소 등의 정보가 기재되지 않도록 유의 - 단 해당내용을 지우고 제출하는 경우 블라인드 채용기준 위반이 아님
자기소개서, 직무기술서 내 개인을 특정할 수 있는 정보	O	• 출신학교 : 논문의 지도교수, 위치, 특징(상징물 등) 등 • 출신지역 : 본인의 출신지역 또는 출신지역을 유추할 수 있는 내용 등 • 성별 : 군복무(사병) 경험, 출산, 여성과학자, 장녀(장남), 누나, 여고시절 등 성별 혹은 성별을 유추할 수 있는 내용 등

4. 직무수행능력 선발기준 선정 및 평가도구와의 매칭

체크리스트 4. 직무수행능력 선발기준을 선정하여 평가도구와 매칭시킬 수 있습니까?

기업의 비전, 사업, 전략 등에 기초하여 직무에서 요구되는 특성, 과업, 책임 및 역할 규명을 위해 정보를 체계적으로 수집하고 분석하는 직무분석과정을 통해서 채용 직무기술서를 개발한다. 채용 직무기술서 개발이란 지원자가 수행하게 될 과업, 과업 범위, 책임 및 역할의 수준 정의하고 직무에서 요구하는 직무능력 도출하는 과정이다. 개발한 채용 직무기술서는 평가도구와 매칭시켜야 한다.

직무기술서(직무설명자료)의 구성요소는 채용 분야, NCS분류체계, 능력단위, 직무수행내용, 필요 지식$_K$, 기술$_S$, 직무수행태도$_A$, 관련자격, 직업기초능력, 관련사이트라고 한다면, 여기서 필요 지식$_K$, 기술$_S$, 직무수행태도$_A$, 관련자격을 직무수행능력을 평가하는 요소라고 할 수 있겠다.

〈표 32〉 채용 직무기술서 개발 절차

개발 절차	세부 내용
기존 직무분석 자료 검토	• 직무분석 자료 또는 기존 직무기술서에서 지원자가 갖춰야 할 전반적 능력단위(책무), 전공, 지식, 기술, 태도 확인
채용 직무 재정의	• 직무분석자료, 기존 직무기술서를 통한 채용 직무 목표 범위 및 수준 설정
채용 직무 목표 수준 내용 및 요건 도출	• 직무전문가(SME) 협의를 통한 채용 직무능력단위 및 직업기초능력 선정
채용 직무기술서 개발	• 직무전문가(SME)와 협의하여 채용 직무에 필요한 내용 재기술 • 앞서 재정의한 채용 직무의 범위와 수준을 고려하여 작성

[그림 47] 직무분석-채용 직무기술서-선발전형(평가도구)와의 연계

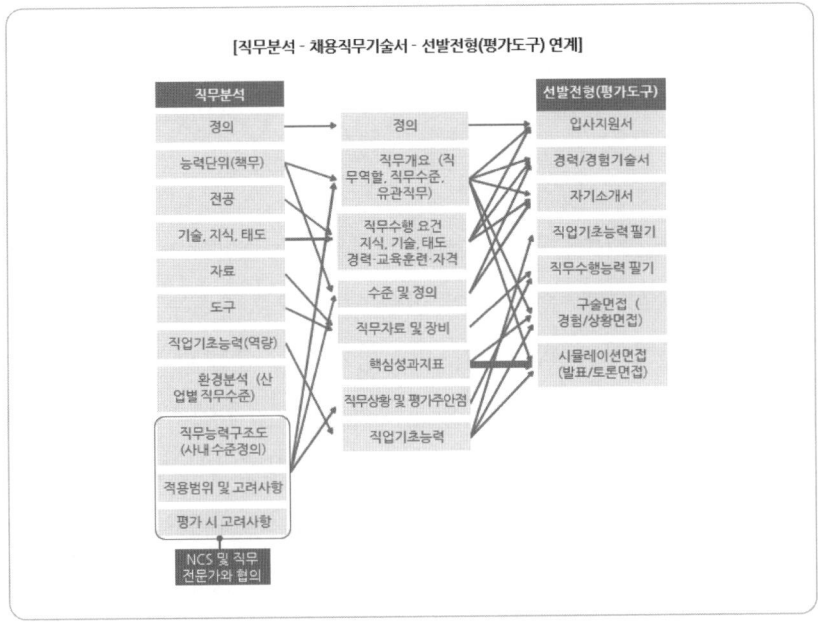

[그림 48] 직무수행능력 선발기준 선정 및 평가도구와의 매칭

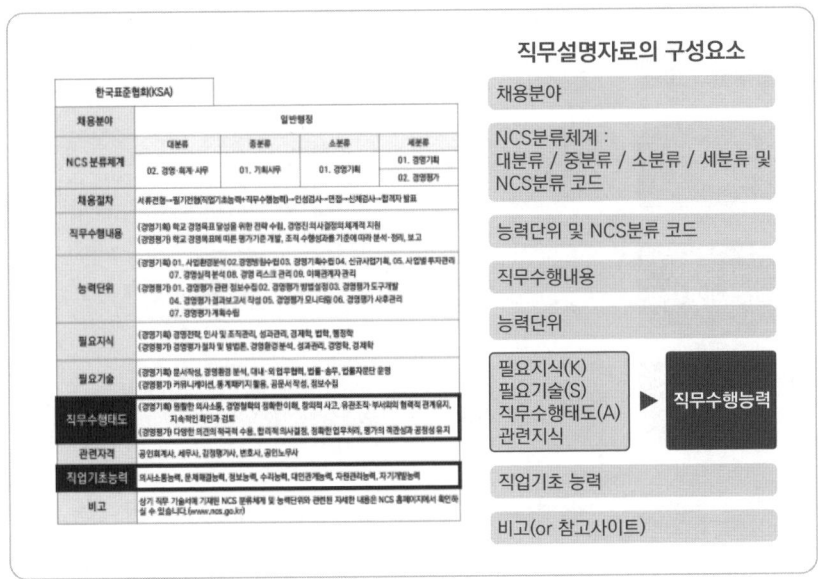

5. NCS 활용 채용 단계별 평가 요소 설계

체크리스트 4. NCS를 활용하여 채용 단계별 평가 요소를 설계할 수 있습니까?

NCS를 활용하여 채용 단계별 직무수행능력과 직업기초능력의 평가 요소를 설계할 수 있어야 한다. 채용프로세스는 NCS기반 채용공고-입사지원서-필기평가-면접평가라고 했을 때, 기업에서 평가하고자 하는 평가 요소를 NCS에서 추출한 후에 반드시 직무전문가와의 협의를 통해 영역별 평가 적합 여부를 점검하고, 평가 영역 선정은 필요 시 회사 소개, 비전 체계 및 부서 운영계획서의 내용을 활용한다.

[그림 49] NCS 활용 채용 단계별 평가 요소 설계

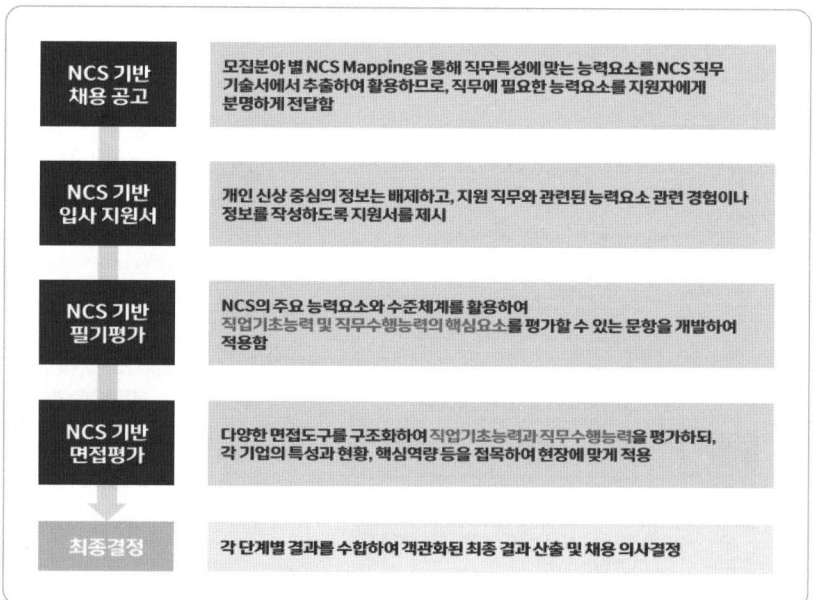

NCS를 활용한 채용 단계별 평가 요소 중 직무수행능력 및 직업기초능력에 대한 예시는 다음과 같다.

〈표 33〉 NCS를 활용한 채용 단계별 평가 요소 설계(직무수행능력 예시:인사)

능력단위명	과업 정의 및 능력단위 요소
성과관리지원 (인사평가) (L.4)	• 과업정의 : 조직의 전략 및 목표와 연계하여 구성원 및 부서를 위한 평가 계획을 수립하고, 단위별 목표 설정, 평가를 위한 교육, 인사 평가 실행을 지원하는 능력이다. • 능력단위요소 : 계획수립, 목표설정, 평가 교육, 인사 평가 정리
급여지급 (L.3)	• 과업정의 : 확정된 조직원의 임금을 정해진 날에 집행하고 연말 소득에 따라 납부한 세금을 소득세법에 따라 재계산하여 연간 세금 정산을 수행하는 능력이다. • 능력단위요소 : 급여 대장 등록, 급여 계산, 4대 보험 관리, 연말 정산 실시
조직문화관리 (L.4)	• 과업정의 : 비전과 목표를 조직구성원들이 공유하기 위하여 조직문화의 분석과 실행 방안을 지원하는 능력이다. • 능력단위요소 : 조직문화 현황 분석하기, 조직문화 활성화 방안 수립, 조직문화 활성화 방안 실행
인사아웃소싱 (L.4)	• 과업정의 : 운영업체의 제안 내용의 평가를 통해 계약을 체결하고 운영업체를 관리하는 능력이다. • 능력단위요소 : 아웃소싱 대상 업무 선정, 운영업체 선정, 운영업체 평가

〈표 34〉 NCS를 활용한 채용 단계별 평가 요소 설계(직업기초능력 예시)

문제해결능력			
정의	하위능력	수준	핵심성과지표
업무를 수행함에 있어 문제 상황이 발생하였을 경우, 창조적이고 논리적인 사고를 통하여 이를 올바르게 인식하고 적절히 해결하는 능력	사고력	상	업무에서 발생한 문제를 해결하기까지 새로운 방식을 고안하고 타당한 근거를 제시하여 결정적 의견을 고안하며 타당성이 부족함을 평가한다.
		중	업무에서 발생한 문제를 해결하기까지 기존의 방식과 유사한 새로운 방식을 적용하고 유용한 의견을 제시하며 타당성이 부족함을 분석·종합한다.
		하	업무에서 발생한 문제를 해결하기까지 기존의 방식을 개선하고, 사실과 의견을 구분하여 설명하며, 타당성이 부족함을 이해한다.

문제해결능력			
정의	하위능력	수준	핵심성과지표
	문제처리 능력	상	업무 상황에서 발생한 문제로 인한 결과를 예측하고 다양한 대안을 비교분석하며 새로운 아이디어를 고안하여 문제를 처리하고 그 결과를 평가하여 피드백한다.
		중	업무 상황에서 발생한 문제의 원인을 인식하고 다양한 대안을 제시하며 기존의 방식을 응용하여 문제를 처리하고 그 결과를 분석한다.
		하	업무 상황에서 문제가 발생한 사실을 확인하고 대안을 확인하며 기존의 방식을 활용하여 문제를 처리하고 그 결과를 확인한다.

6. 평가 요소를 고려한 선발전형 설계

체크리스트 6. 평가 요소를 고려하여 선발전형을 설계할 수 있습니까?

[그림 50] 평가 요소를 고려한 선발전형 설계

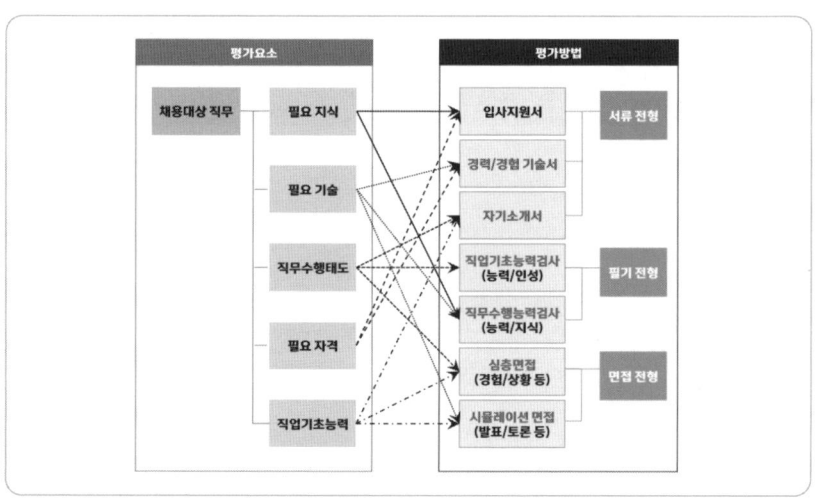

채용 대상 직무에 필요한 능력이 결정되면, 해당 직무능력을 평가하기에 적합한 기법을 결정하고 전형별 평가 형식을 설계한다. 크게 서류전형-필기전형-면접전형으로 구분하여 설계할 수 있다.

먼저, 서류전형을 살펴보자. 서류전형은 채용인원을 선발하기 위해 서류 형태로 구성된 입사지원서, 자기소개서 등과 같은 서류전형 평가도구를 통해 직무 관련 교육사항, 경험 및 경력사항, 자격 사항 등을 평가하여 조직 및 직무에 적합한 인원을 선별하는 전형이다. 채용 직무를 가장 적절하게 평가할 도구를 확인하여 입사지원서, 자기소개서, 경험 기술서, 경력 기술서 등 직무에서 요구되는 적합한 서류전형 평가도구를 선택한다.

〈표 35〉 서류전형 평가도구별 특성

구분	내용
입사지원서	• 평가의 목적으로 직무 관련 사항을 기재하도록 요청하는 지원서 • 인적 사항, 교육사항, 경력사항, 자격 사항, 기타 직무 관련 사항
자기소개서	• 기업의 핵심 가치, 인재상과 관련된 역량을 확인할 수 있게 구체적으로 설계된 질문에 대한 지원자 소개서
경험·경력 기술서	• 입사지원서에 기재된 경험·경력사항을 보다 상세히 기술하는 기술서 • 직무와 관련하여 경험한 내용 기술 또는 포트폴리오 작성

〈표 36〉 평가 역량별 서류전형 도구 매칭

영역		채용공고	서류전형		
			입사 지원서	자기 소개서	경험·경력 기술서
가치 체계	인재상	●		●	●
	핵심 가치	●			●
직무	인사직무정의	●	●		

영역		채용공고	서류전형		
			입사지원서	자기소개서	경험·경력기술서
능력단위A (책무)	내외부 환경분석기법		●		●
	노사관계법				
	:	:	:	:	:
능력단위B (책무)	사업기획 및 보고서 작성 기술				●
	시스템 활용				●
직업기초 능력(역량)	문서작성능력			●	●
	:	:	:	:	:
자격	공인노무사	●	●		
지식	:	:	:	:	:

서류전형 개발 시 유의 사항은 첫째, 응시원서 및 제출 서류에 편견을 유발할 수 있는 정보는 요구하도록 해서는 안 된다(출신 지역, 가족관계, 신체 조건, 학력, 종교 등). 둘째, 서류전형의 평가 항목은 객관적인 항목으로 구성하도록 하고, 평가 기준을 구체적으로 설정하게 하여 심사위원의 주관적인 개입 요소를 미연에 방지하도록 해야 한다. 셋째, 지원자 정보의 수집 목적과 수집 범위는 전체 채용 프로세스에서의 평가 방안을 고려하여 최소한으로 결정하도록 해야 한다. 넷째, 채용절차법의 권고사항에 따라 채용 접수 시 회사의 홈페이지 또는 E-mail을 통해 입사지원서를 접수하도록 권장해야 한다. 다섯째, 교육사항, 경력사항, 기술 검증 등은 현업부서와 유기적인 협업을 통해 세밀하게 검증하여 직무능력에 대한 정확한 파악이 될 수 있게 진행해야 한다.

둘째, 필기전형이다. 필기전형은 주로 전공 시험, 직무수행능력

시험이나 직업기초능력 시험이다. 이는 능력중심채용모델 필기문항 www.ncs.go.kr를 참고하여 활용하면 좋을 듯하다.

[그림 51] 능력중심채용모델의 필기전형 문제 샘플

셋째, 면접전형이다. 선정된 평가 영역별로 적용하기 적합한 면접유형을 결정한다. 경험 면접과 상황 면접의 구술 면접은 질의응답을 통해 개인의 성격, 태도, 동기, 가치 등의 특성을 평가할 수 있고, 발표 면접과 토론 면접과 같은 시뮬레이션 면접은 과제를 부여한 후, 지원자들이 과제를 수행하는 과정과 결과를 관찰하여 평가하는 기법이다.

<표 37> 평가 역량별 면접전형 도구 매칭

구분	구술 면접(경험/상황)	시뮬레이션 면접(발표/토론)
방법	질의응답을 통해 개인의 성격, 태도, 동기, 가치 등의 특성을 평가	과제를 부여한 후, 지원자들이 과제를 수행하는 과정과 결과를 관찰하여 평가
면접 위원 역할	해당 역량이 드러날 수 있는 적절한 주요(Main) 질문과 심층화(Probing) 질문을 하여 평가	평가하고자 하는 역량을 판단할 수 있는 행동들을 정확히 관찰, 기록하고 평가
대표적 유형	경험 면접, 상황 면접 등	발표 면접, 토론 면접, 역할연기, 서류함 기법(In-Basket) 등

구분	구술 면접(경험/상황)	시뮬레이션 면접(발표/토론)
장점	개인의 다양한 인성과 능력 평가에 적합	개인의 직무능력 요소를 평가하는데 적합

면접유형별 특성을 고려하여 결정해야 하며, 면접 유형별로 2개 이상의 직무수행능력이나 직업기초능력을 함께 평가가 가능하다. 이때 「평가 영역×면접유형(평가도구)매트릭스」를 작성하여 관리한다.

〈표 38〉 평가 영역×면접유형(평가도구)매트릭스 예시

평가 영역		구술면접		시뮬레이션 면접	
		경험	상황	발표	토론
직무수행 능력	성과관리 지원(인사평가)	●		●	
	급여지급	●			
	조직문화 관리		●		●
	인사아웃소싱		●		
직업기초 능력	문제해결능력	●			●
	조직이해능력			●	●

7. 직무능력 평가기법 결정 및 전형별 평가형식 설계

체크리스트 7. 해당 직무능력을 평가하기에 적합한 기법들을 결정하고 전형별 평가형식을 설계할 수 있습니까?

채용 대상 직무에 필요한 능력이 결정되면, 해당 직무능력을 평가하기에 적합한 기법을 결정하고 전형별 평가형식을 설계한다. 크게

서류전형-필기전형-면접전형으로 구분하여 설계할 수 있다. 면접전형을 다시 구체적으로 교육사항, 경험사항, 자격 사항, 자기소개서로 구분할 수 있고, 필기전형은 직업기초능력평가와 인성검사로, 면접전형은 1차 면접(직무 면접)과 2차 면접(인성 면접)으로 구분할 수 있다.

[그림 52] 직무능력 평가기법 결정 및 전형별 평가형식 설계

구성	역량명	서류전형				필기전형		면접전형	
		교육사항	경험사항	자격사항	자기소개서	NCS직업기초능력평가	인성검사	1차 면접(직무면접)	2차 면접(인성면접)
인재상 공통역량	적극성				●		●		●
	책임감				●		●		●
	팀워크				●		●		●
	창의적사고						●	●	
	종합적사고						●	●	
	공사에 대한 이해							●	●
직무역량	전공지식	●	●	●				●	
	직무기술	●	●	●					
NCS 직업기초능력	의사소통능력					●			
	수리능력					●			
	문제해결능력					●			

8. 평가 요소에 대한 행동지표 도출

체크리스트 8. 평가 요소에 대한 행동지표를 도출할 수 있습니까?

선발평가의 신뢰성과 타당성을 확보하기 위해서는 평가 기준에 따른 정의, 하위 요소 행동지표가 사전에 정의되어야 한다. 이를 통해 구조화면접과 평가자 오류를 최소화시킬 수 있다.

[그림 53] 평가 요소에 대한 평가지표 도출(예시)

평가역량	정의 및 행동지표		내용
직업윤리 /정직 (태도 및 기본자세)	정의		정직하고 일관성 있는 업무처리와 투철한 직업윤리를 발휘하며, 자신의 편의를 위해 편법을 동원하지 않고 공정하고 투명하게 업무를 수행한다.
	행동지표	S	✓ 공사를 엄격히 구분하며, 절차와 공정을 기하려는 태도가 매우 높다. ✓ 정직하게 업무를 수행하는 정도가 매우 우수하다. ✓ 태도와 자세, 겉으로 풍기는 이미지가 신뢰와 호감을 갖기에 충분하다.
		A	✓ 공사를 잘 구분하며, 절차와 공정을 기하려는 태도가 높다. ✓ 정직하게 업무를 수행하는 정도가 우수하다. ✓ 태도와 표정 자세가 신뢰와 호감을 갖게 할 만하다.
		B	✓ 공사의 구분과 절차의 공정이 상황에 따라 변동이 있다. ✓ 정직하게 업무를 수행하는 정도가 보통이다. ✓ 태도와 표정 자세가 평범하다.
		C	✓ 공사 구분이 모호하며, 편의에 따라 업무를 수행한다. ✓ 정직하게 업무를 수행하는 정도가 미흡하다. ✓ 태도와 표정 자세가 신뢰와 호감을 주지 못한다.
		D	✓ 지나친 편의를 추구하며, 공사구분에 대한 인식 수준이 매우 낮다. ✓ 개인의 유불리에 따라 업무를 수행한다.

평가 요소에 대한 행동지표를 도출해야 하는데, 이는 채용 직무 기술서를 기반으로 면접을 통해 평가하고자 하는 평가 준거를 선정한다. 직무수행능력은 핵심성과지표 중 중요도 평가 가능성을 고려하여 최종 결정한다.

〈표 39〉 직무수행능력 평가 준거(예시)

직무	능력 단위	능력단위 요소	핵심성과지표
인사	인사 평가	계획수립	• 내부에서 검토된 평가제도를 기준으로 조직 구성원의 의견을 반영 가능 • 수립된 평가제도를 기반으로 당해 연도 평가계획을 작성 가능
		목표설정	• 설정된 주요 성과지표에 따라 자신의 목표를 설정할 수 있도록 지원 가능 • 조직구성원이 작성한 내용을 수집하여 개인별 최종 목표를 확정 가능

직무	능력단위	능력단위 요소	핵심성과지표
		평가교육	• 평가제도, 평가 오류 유형, 평가 일정, 프로세스 등 평가교육실시 가능 • 피평가자를 대상으로 평가제도, 평가 일정, 프로세스 등 평가교육실시 가능
		인사평가 시행	• 시행된 평가 결과의 공정성 확보를 위하여 평가 오류 검토 가능 • 평가 이력을 관리하기 위하여 확정된 평가 결과를 평가관리 시스템에 등록 가능
	급여 지급	급여대장 등록	• 채용, 이동, 승진, 퇴직 등 인사 발령에 따라 급여 원장을 갱신 가능 • 급여 계산을 위하여 조직구성원의 소득 및 공제 관련 항목 등록 가능

〈표 40〉 직업기초능력 평가 준거(예시)

문제해결능력			
정의	하위능력	수준	핵심성과지표
업무를 수행함에 있어 문제상황이 발생하였을 경우, 창조적이고 논리적인 사고를 통하여 이를 올바르게 인식하고 적절히 해결하는 능력	사고력	상	업무에서 발생한 문제를 해결하기까지 새로운 방식을 고안하고 타당한 근거를 제시하여 결정적 의견을 고안하며 타당성이 부족함을 평가한다.
		중	업무에서 발생한 문제를 해결하기까지 기존의 방식과 유사한 새로운 방식을 적용하고 유용한 의견을 제시하며 타당성이 부족함을 분석·종합한다.
		하	업무에서 발생한 문제를 해결하기까지 기존의 방식을 개선하고, 사실과 의견을 구분하여 설명하며, 타당성이 부족함을 이해한다.
	문제처리 능력	상	업무 상황에서 발생한 문제로 인한 결과를 예측하고 다양한 대안을 비교·분석하며 새로운 아이디어를 고안하여 문제를 처리하고그 결과를 평가하여 피드백한다.
		중	업무 상황에서 발생한 문제의 원인을 인식하고 다양한 대안을 제시하며 기존의 방식을 응용하여 문제를 처리하고 그 결과를 분석한다.
		하	업무 상황에서 문제가 발생한 사실을 확인하고 대안을 확인하며 기존의 방식을 활용하여 문제를 처리하고 그 결과를 확인한다.

9. 선발시스템 설계원칙 이해 및 적용

체크리스트 9. 선발시스템에 설계원칙에 대해 이해하고 이를 적용할 수 있습니까?

기업의 인사담당자는 선발시스템의 설계원칙을 이해하고 이를 적용해야 한다.

어떤 회사든지 인사담당자가 직원을 선발할 때 공통적인 고려사항은 최종 입사자로 결정된(합격한) 직원이 입사 후 맡은 직무를 잘 수행할 뿐만 아니라 팀 활동이나 조직에 잘 적응할 수 있는지 판단해 보는 것이다. 성공적인 직원 선발은 여러 가지 평가 요소들이 조화를 이룰 때 그 가능성이 높아진다.

여기서 평가 요소는 평가 기준Criteria, 평가도구Tools, 평가자Assessor를 말한다. 먼저 평가 기준은 선발하려는 지원자에 대해 어떠한 측면들을 평가할 것인가에 대한 내용이며, 평가도구는 평가할 대상을 무엇으로 평가할 것인지를 말한다. 그리고 평가자는 평가도구를 활용해 누가 어떻게 평가할 것인가에 대한 내용이다.(김면식 외, 2023).

채용이나 선발이 평가의 과정이라 할 때, 평가는 신뢰성Reliability, 타당성Validity, 공정성Fairness, 효율성Efficiency 등을 충족시켜야 한다. 신뢰성이란 한 지원자를 여러 번 평가했을 경우 또는 여러 지원자에 대한 동일한 능력을 평가했을 경우 동일한 평가 결과가 나와야 함을 의미한다. 타당성이란 선발 과정에서 지원자에 대한 평가 내용이 입사 후에도 일관되게 지속되는 것을 말한다. 공정성이란 모든 지원자에게 채용 절차를 동일하게 적용하는 것으로, 면접에서의 구조화가 대표적인 예라고 할 수 있다. 마지막으로 효율성은 선발 비용에 대한 것으로, 선발 과정에서의 선발률에 대한 관리뿐만 아니라 입사 후 퇴사에 따른 손실도 포함할 수 있다. 성공적인 직원 선발이란 이상의 평가 요소 및 과정이 잘 진행됐을 때를 의미한다.

선발시스템의 설계 원칙은 첫째, 단계적 프로세스 원칙이다. 선발 과정은 100미터 허들을 넘듯이 한 단계씩 진행해야 한다는 의미로 복수채용 방법을 활용해야 한다.

둘째, 독립적 의사결정 원칙이다. 각 선발 단계별 의사결정은 다른 단계의 의사결정과 독립적으로 결정해야 한다는 의미로 합격자 선정기준을 마련해야 한다.

셋째, 증분적 타당도 원칙이다. 각 선발방식은 낮은 타당도의 방식에서 높은 타당도의 방식으로 진행해야 한다는 의미로 채용 프로세스 설계에 반영해야 한다.

넷째, 적절한 선발률 원칙이다. 각 단계에서의 통과율은 선발단계에서의 위치, 비용/시간, 응시자 비율 등을 고려해야 한다는 의미로 채용 프로세스 설계에 반영해야 한다.

다섯째, 선발결정에 사용되는 모든 도구는 직무 수행과 관련성이 입증된 것이어야 한다는 의미로 신뢰도와 타당도 연구를 실시해야 한다.

여섯째, 이원적 Approach 원칙으로 선발의사결정은 Positive approach와 Negative approach를 함께 적용해야 한다는 의미로 선발 도구 선정 및 개발에 반영해야 한다.

[그림 54] 선발시스템의 설계 원칙

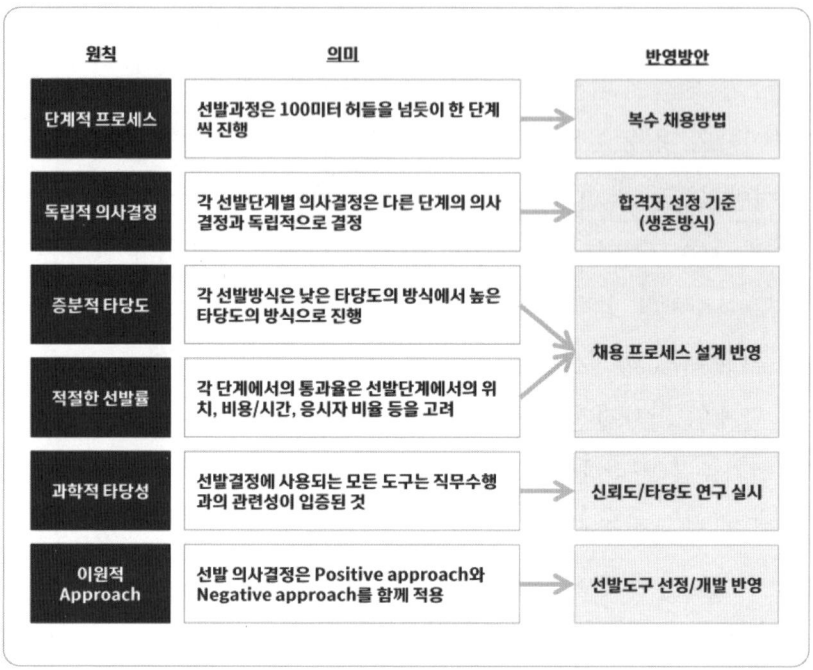

채용 공고문 개발

이 장에서는 채용 공고문 작성에 필요한 항목들과 입사지원서에 인적 사항 요구 금지 사항들을 제시한다. 또한 직무능력 평가를 위해 필요한 사항들을 제시한다.

학습목표
1. 채용 공고문 작성에 필요한 항목들을 설명할 수 있다.
2. 입사지원서에 인적 사항 요구 금지 사항들을 설명할 수 있다.
3. 직무능력 평가를 위해 필요한 사항들을 설명할 수 있다.

1. 채용 공고문 작성에 필요한 항목

체크리스트 10. 채용 공고문 작성에 필요한 항목들을 알고 있습니까?

채용 공고문은 구직자에게 회사의 채용 사실을 알리기 위해 작성하는 서식으로, 직무요건, 근무조건, 전형 일정 등 채용 관련 안내 사항을 알리는 자료이다. 채용 공고문을 개발할 때는 기업의 인재상, 핵심 가치, 팀의 업무 및 가치 등 고용 브랜딩을 기반으로 직무요건(직무 수행에 필요한 지식, 기술, 태도 등을 기술), 근무조건(고용 형태, 연봉, 위치, 복지 등 정보 제시), 전형 절차(모든 전형 절차를 투명하게 게시)를 반영해야 한다. 직무능력중심의 채용공고의 효과는 지원자 입장에서는 직무 수행 요건을 점검할 수 있고, 기업 입장에서는 맹목적 지원자를 필터링할 수 있다는 것이다.

〈표 41〉 직무기술서의 정의와 목적

구분	내용
정의	• 구직자에게 회사의 채용 사실을 알리기 위해 작성하는 서식 • 직무 요건, 근무 조건, 전형 일정 등 채용 관련 안내 사항 기재
목적	• 직무요건을 갖춘 인재들을 기업에 지원하도록 유인 • 직무요건을 구비하지 못한 지원자의 사전 변별

〈표 42〉 직무능력 중심 채용공고의 효과

구분	지원자	기업
직무 수행 요건제시	• 직무 수행 요건점검 • 지원 여부에 대한 사전 판단 가능	• 맹목적 지원자 필터링 가능 • 선발/평가 비용 절감
직무능력 제시	• 자신의 직무능력 수준 점검 : 강점과 약점 파악 가능 • 채용 과정에 대한 공정성 인식 • 직무능력에 대한 사전 준비 가능 (스펙을 위한 불필요한 비용감소)	• 직무능력 평가 준거 사전 정립 • 공정하고 타당성 있는 평가 가능 • 직무능력을 갖춘 인재 선발 가능성 높음 : 교육/훈련 비용감소

　채용 공고문 개발 방향은 채용 공고문을 통해 인재 중심, 직무정보, 지원자의 자가 평가가 가능하도록 채용 직무기술서와 함께 개발해야 한다.

　채용공고 개발 시 유의 사항은 첫째, 현실적이고 구체적인 조직 및 직무를 소개해야 하고, 둘째, 지원자가 자신이 기업이 원하는 인재인지를 판단할 수 있는 정보와 기회를 제공해야 하며, 셋째, 지원 현황을 통해 지원자들에게 전달하고자 한 메시지가 올바르게 전달되고 있는지에 대해 지속적으로 모니터링과 개선을 해야 한다. 넷째, 채용절차법 위반 요소를 검토하고 제거해야 한다. 즉, 지원자에 대한 편견이 개입될 수 있는 주요 편견 요소를 파악하여 채용 전형 설계 시 제외해야 한다.

 편견 요소 배제를 위해 ① 관련 법령(지침)에서 규정한 차별 금지 여부 ② 편견을 유발할 수 있는 보편적인 사회 인식 존재 여부 ③ 직무능력과 연계된 요소 확인을 검토해야 한다.

〈표 43〉 직무능력 중심 채용공고 개발 방향

일반채용 공고	능력중심채용 공고
인원 중심(포괄적 직무 분야)	인재 중심(구체적 직무 분야)
채용 직무에 대해 모호한 정보 제시	구체적 직무정보 및 필요 역량 관련 정보 제시
지원자의 자가평가 및 Self-Screening 어려움	지원자의 자가평가 및 Self-Screening 유도

〈표 44〉 채용 공고문 개발 시 차별적 요소 및 직무능력 연관성 판단

구분	차별적 요소		직무능력	평가 요소 포함여부
	법령규정	사회인식(여론)	연관성	
상황1	차별적 항목(O)	차별적 항목(O)	연관성(O)	포함 가능
상황2	차별적 항목(X)	차별적 항목(O)	연관성(O)	포함 가능
상황3	차별적 항목(X)	차별적 항목(X)	연관성(O)	포함
상황4	차별적 항목(O)	차별적 항목(O)	연관성(X)	제외
상황5	차별적 항목(O)	차별적 항목(X)	연관성(X)	제외
상황6	차별적 항목(X)	차별적 항목(X)	연관성(X)	제외

 특수한 직무의 경우(예: 경호 직무, 원자력 관리, 승무원 등) 자격 제한 등의 차별적 요소 발생 시 이에 대한 사유를 명기해야 한다. 편견 요소를 판단하기 위한 대표적인 법령으로는 '고용정책기본법', '남녀고용 평등과 일·가정 양립 지원에 관한 법률', '고용상 연령차별 금지 및 고령자고용촉진에 관한 법률' 등이 있다.

[그림 55] 채용 공고문 작성에 필요한 사항

구 분	항 목	자 료
기업소개	비전, 미션, 핵심가치, 인재상 등	기업 내부자료
채용분야	채용직무, 채용직급, 채용형태, 채용인원, 응시자격, 근무지역	채용 계획단계의 일반계획
직무소개 (직무내용)	직무명, 직무내용, 업무내용	채용 계획단계의 직무기술서
직무수행요건 (직무능력)	직무 지식·기술·태도, 필요자격, 직무경험·경력	채용 계획단계의 직무기술서
전형절차 및 일정	전형절차 및 일정 전형절차, 전형일정, 선발방법, 장소 등	채용 계획단계의 일반계획

2. 입사지원서에 인적 사항 요구 금지사항

체크리스트 11. 입사지원서에 인적 사항 요구 금지 사항들을 알고 있습니까?

채용 단계별 발생 가능한 편견 요소는 다음과 같다. 입사지원서를 중심으로 인적 사항 요구 금지 사항을 살펴보면 먼저 성별이다. 입사지원서에 성별에 따라 다른 양식, 기재 항목, 구비서류를 요구해서도 안 된다. 둘째, 신앙으로, 입사지원서에 종료를 요구해서는 안 된다. 셋째, 연령이다. 입사지원서에 연령을 식별할 수 있는 정보(입학 연도, 졸업 연도 등)를 요구해선 안 된다. 넷째, 신체 조건이다. 직무에 필수적인 조건이 아님에도 신장, 체중, 색맹 여부 등 신체적 조건을 요구해서는 안 된다. 다섯째, 학력과 출신학교다. 직무에 필수적인 조건이 아님에도 입사지원서에 학력, 출신학교 등 기재하도록 요구해서는 안 된다. 여섯째, 혼인·임신 여부다. 입사지원서에 결혼 여부, 자녀 유무, 임신 여부 등의 개인정보를 요구해서는 안 된다. 일곱째, 가족관계다. 입사지원서에 가족 관련 사항을 요구해서도 안 된다.

〈표 45〉 채용 단계별 발생 가능한 편견 요소

구분	채용공고	서류전형	면접시험
성별	지원 자격을 특정 성별로 제한	입사지원서에 성별에 따라 다른 양식, 기재 항목, 구비서류 요구	면접 과정에서 성별에 따라 질문 사항을 달리하거나, 별도의 질문 시간 할애
신앙	지원 자격을 특정 종교로 한정	입사지원서에 종교 요구	면접 과정에서 종교 관련 사항(종교관, 종교 유무 등) 질문
연령	지원 자격을 일정 연령 이하 또는 이상으로 제한	입사지원서에 연령을 식별할 수 있는 정보(입학 연도, 졸업 연도 등) 요구	면접 과정에서 연령을 묻거나, 연령에 대해 부정적으로 언급
신체조건	지원 자격을 직무 관련성이 없음에도 신장, 체중 등의 이유로 제한	직무에 필수적인 조건이 아님에도 신장, 체중, 색맹 여부 등 신체 조건 요구	면접 과정에서 용모 및 신체 조건에 대해 질문
학력·출신학교	지원 자격을 특정 학력 이상 또는 이하로 제한	직무에 필수적인 조건이 아님에도 입사지원서에 학력, 출신학교 등 기재하도록 요구	면접 과정에서 직무에 필수적인 조건이 아님에도 학력, 출신학교 등 질문
혼인·임신	지원 자격을 결혼 여부 등을 이유로 제한	입사지원서에 결혼 여부, 자녀 유무, 임신 여부 등의 개인정보 요구	면접 과정에서 결혼 여부, 임신 여부 등 질문
가족관계	-	입사지원서에 가족 관련 사항 요구	면접 과정에서 가족 사항(관계, 출신지, 직업) 등 질문

[그림 56] 입사지원서에 인적 사항 요구 금지사항 파악

> → 채용 시 입사지원서에 인적사항 요구를 원칙적으로 할 수 없음
>
> - 인적사항은 출신지역, 가족관계, 신체적 조건(키·체중, 용모(사진부착 포함)), 학력 등 의미
>
> → 응시자가 자기소개서 등을 작성할 때 간접적으로 학교명, 가족관계 등이 드러나지 않도록 유의해야 함을 사전에 안내
>
> - 다만, 신체적 조건·학력은 채용 직무를 수행하는데 있어 반드시 필요하다고 인정될 경우 예외로 함 (예: 연구직 등 채용 시 논문·학위 요구 등)
> - '사회형평적' 채용을 위해 장애인, 국가유공자, 지역인재 등에 대한 정보가 필요한 경우에는 입사지원서에 요구 가능
>
> → 채용공고에서 사회형평적 채용을 위한 가산점 항목 등 사전에 공지할 것
>
> - 지역인재의 경우 「최종학교 소재지」를 요청하는 방법 가능, '고졸인재 채용' 등 사회형평적 채용을 위한 별도전형 가능

3. 직무능력 평가를 위한 필요사항

체크리스트 12. 직무능력 평가를 위해 필요한 사항들을 알고 있습니까?

직무능력 평가를 위해 필요한 과제로서 꼭 지켜야 할 부분은 첫째, 채용 직무에 대한 설명자료(직무기술서)를 반드시 제시해야 한다. 채용 대상 직무분석을 통해 직무를 수행하는 데 필요한 지식, 기술 등을 사전에 홈페이지 등을 통해 공개해야 한다. 직무자료(직무기술서)를 이미 게시한 기관에서도 응시자 입장에서 준비하는 데 도움이 되도록 보완해야 한다.

둘째, 직무 관련 필요한 요구사항을 명확하게 해야 한다. 입사지원서는 직무와 관련된 교육, 훈련, 자격, 경험 중심으로 구성해야

하고 추가로 입사지원서에 어학성적 등을 요구할 경우 직무 수행상 필요한 이유를 채용공고 또는 직무기술서에 명시해야 한다.

하지만, 모든 직무에 어학성적을 관행적으로 요구하는 경우 등은 개선될 필요가 있다.

서술형 평가 문항 개발

이 장에서는 자기소개서 및 경력(경험) 기술서 평가 기준과 체크포인트를 제시하고, 필기전형에서 정성평가에 대한 고려 사항 및 평가 방법에 대해 제시한다.

학습목표
1. 자기소개서 평가 기준과 체크포인트를 개발할 수 있다.
2. 경력(경험) 기술서의 평가 기준과 체크포인트를 개발할 수 있다.
3. 필기전형에서 정성평가에 대한 고려 사항 및 평가 방법에 대해 설명할 수 있다.

1. 자기소개서 평가 기준과 체크포인트

체크리스트 13. 자기소개서 평가 기준과 체크포인트를 개발할 수 있습니까?

자기소개서는 서류전형 중 중요한 항목으로 지원자의 직무능력 보유하였는지 평가하는 자료다. 직무와 관련된 개인의 경험을 구체적인 사례를 통해 증명할 수 있는 자료로, 기업에서는 지원자의 직무수행능력과 직업기초능력 중심으로 평가한다.

또한 자기소개서 문항에 기업-개인 적합성을 평가하기 위한 문항을 추가할 수도 있다. 지원자의 자기소개서를 평가하기 위한 평가위원은 매우 중요하므로 선정부터 사전교육에 신중을 기해야 한다.

[그림 57] 자기소개서 양식

> 1. 우리 회사와 해당 지원 직무 분야에 지원한 동기에 대해 기술해 주세요.
>
> 2. 동아리, 학과, 회사 등에서 조직문화 개선을 위해 노력해 본 경험이 있으시면 기술해 주세요.
>
> 3. 지금까지의 경험 중 해결하기 힘든 문제에 부딪혀 어려움을 겪었으나 이를 극복한 사례가 있다면 기술해 주세요.

직무능력인 직무수행능력과 직업기초능력을 중심으로 객관적이고 구체적으로 평가할 수 있는 자기소개서 평가 기준과 체크포인트를 개발해야 한다. 평가 요소는 해당 지원자의 지원 동기(조직·직무), 조직 적합성 확인을 위한 질문(핵심 가치·인재상), 직업기초능력 등이다. 특히, 자기소개서의 스토리가 적절한지, 스토리 행동 품질이 어떠한지, 스토리 작성 형식이 어떠한지 체크포인트에 따라 평가한다.

〈표 46〉 자기소개서의 평가 기준과 체크포인트

평가 기준		체크포인트
스토리 적절성	1	작성한 스토리가 제시한 주제에 적절한 사례였나?
	2	실천의 난이도가 높은 사례였나?
스토리 행동품질	1	실제 본인의 역할 및 행동이 맞는 사례인가? (사실성/진정성)
	2	실제 본인의 역할 및 행동이 성과에 결정적이었는가? (기여도)
	3	실제 본인의 역할 및 행동의 강도가 높은 수준이 있는가? (몰입도)

평가 기준		체크포인트
스토리 작성형식	1	1. 행동의 서술이 구체적인가?
	2	구성이나 작성 흐름이 양호한가?
	3	용어나 형식이 적절한가?

[그림 58] 입사지원서에 인적 사항 요구 금지사항 파악

▶ 평가항목 구성

합계	조직적합도	직무적합도	직업기초능력1	직업기초능력3	직업기초능력3
100점	20점	20점	20점	20점	20점

▶ 수준별 배점 예시

0점	8점	11점	14점	17점	20점
자격미달	Level 1.	Level 2.	Level 3.	Level 4.	Level 5.

Level 1	Level 2	Level 3	Level 4	Level 5
역량이 없다는 증거가 매우 강함	역량이 없다는 증거가 강함	역량이 있다는 증거가 일부 존재함	역량이 있다는 증거가 강함	역량이 있다는 증거가 매우 강함

※ 평가위원 별 100점 만점, 평가기준 각 20점 만점 평가위원 별 점수를 산술 평균하여 개인별 자기소개서 평가점수 결정

2. 경력(경험) 기술서의 평가 기준과 체크포인트

체크리스트 14. 경력(경험) 기술서의 평가 기준과 체크포인트를 개발할 수 있습니까?

경력(경험) 기술서는 지원자의 직무 유관 경력 혹은 경험을 보유하였는지 평가하는 자료다. 구성 내용은 관련 직무 관련 경력이나 경험을 상세하게 기술하고, 기타 경험도 기술한다. 평가 항목은 유

사 경험이나 경력을 통해 기업에서 요구하는 직무수행능력을 갖추고 있는지를 평한다.

경력(경험) 기술서 개발 시 유의 사항은 별도의 양식보다는 세부 경험을 기재할 수 있도록 자유 양식을 권장하고, 신입사원의 경우 경험과 경력을 통합하여 작성할 수 있도록 하며, 채용기업의 의도에 따라 기재 내용을 구분하고 상세화하여 진행할 필요가 있다.

[그림 59] 경험·경력 기술서

1. 입사지원서에 기술한 직무경력이나 직무 관련 기타 활동에 대해 상세히 기술해 주시기 바랍니다.

2. 경력을 기술할 경우 구체적으로 직무영역, 활동/경험/수행 내용, 본인의 역할 및 구체적 행동, 주요 성과에 대해 작성해 주세요.

3. 경험(직무 관련 기타 활동)을 기술할 경우 구체적으로 본인이 수행한 활동 내용, 소속 조직이나 활동에서의 역할, 활동 결과에 대해 작성해 주시기 바랍니다.

〈표 47〉 경력 기술서 평가 기준과 체크포인트

평가 기준			체크포인트
1	요구 역량 수준 및 업무경력의 적합성	1	해당 응시 직무와 유사한 직무 경험이 있나?
		2	업무 경험을 통해 습득한 기술/능력이 구체적이며, 해당 직무 수행에 도움이 되나?
		3	Project 단위 업무 진행 시, 자신의 역할과 업무 영역 등을 명확히 기술하였으며, 해당 직무 수행에 도움이 되나? (추가 교육 없이 실적이 투입할 수 있는지 판단)
		4	제시한 포트폴리오나 성과물의 퀄리티가 해당 직무 수행에 적합한가?
2	개인의 업무역량발전성	1	동일한 수준의 업무가 아닌 계속해서 더 높은 수준의 업무를 담당했나?
		2	동일 업무를 담당해 왔더라도, 업무 수행의 퀄리티가 발전해 왔나?

3. 필기전형에서 정성평가에 대한 고려 사항 및 평가 방법

체크리스트 15. 필기전형에서 정성평가에 대한 고려 사항 및 평가 방법에 대해 이해하고 있습니까?

필기시험은 주로 정량평가로 이루어지지만, 서술형 시험과 같이 정성평가로 평가되기도 한다.

〈표 48〉 필기전형의 정성평가 시 고려 사항 및 평가 방법

구분	정량평가	정성평가
정의	객관적 기준을 통해 수치화하여 평가	정형화하기 어려운 다양한 지표까지 고려하여 종합적으로 평가
장점	형평성 확보 용이 / 관리 및 활용 용이	종합적 검토 가능
고려 사항	비정략적 지표를 수치화하는 경우 평가 타당성 및 결과 수용성이 낮음	평가위원의 평가 역량 의존성이 높음 결과 활용이 제한적임.

서술형 평가는 직무 지식에 대한 심층적 평가 및 주제에 대한 논리적 사고력, 주장하고자 하는 내용의 전개 능력 등을 평가하기 위해 시행하는 것이다.

먼저 직무 지식형 서술형 평가는 선발 분야 관련 핵심적인 배경지식, 주요 현안 등을 주제로 제시하고 관련된 지식을 함양하고 있는지 평가한다. 또한 선발 분야 관련 문제해결 장면에 대한 전문적인 해결안을 모색할 수 있는지를 평가하고, 논리적 사고력 및 논지 전개 능력 등을 평가한다.

일반 시사형은 일반적인 시사 이슈에 대한 핵심 쟁점, 관련된 법률 및 이론, 주요 배경지식 등을 알고 있는지 평가하고, 제시된 시

사 이슈에 대한 대안을 제시하여, 해당 대안이 현실성이 있는지 실제 실행으로 전환할 수 있는지 등을 평가한다. 일반 시사형도 논리적 사고력 및 논지 전개 능력 등을 평가한다. 서술형 평가 시 고려사항은 주제 부합성, 논리적 전개 능력, 배경지식, 창의성이다.

〈표 49〉 서술형 평가시 고려 사항

고려 사항		세부 내용
주제 부합성	1	제시된 논제를 정확하게 이해하고 있는가?
	2	논제에서 의도하는 내용을 빠짐없이 포함하여 답안을 작성하였는가?
논리적 전개	1	작성한 내용이 주제와 통일성을 유지하고 있는가?
	2	내용 간의 전개가 논리적 유기성을 유지하고 있는가?
	3	인용한 근거가 주제를 뒷받침하는 내용인가?
배경지식	1	인용한 이론이나 자료가 풍부한가?
	2	주제에 관련된 지식에 대한 이해도가 확인되는가?
창의성	1	주제에 관한 논리성이 일반적이지 않고 독창성이 있는가?
	2	제시한 해결안 또는 결론이 혁신적인가?

Ⅳ | 면접전형 운영

이 장에서는 면접전형에서의 구조화 면접을 제시하고, 면접전형 개발 절차 및 단계별 주요 과제를 제시한다. NCS 직무설명서를 통해 면접의 평가 요소를 선정하고 이를 평가 요소와 매칭하는 방법을 제시한다. 또한, 면접의 운영 절차 및 계획을 수립하는 방법을 제시한다.

학습목표
1. 면접전형에서 구조화 면접에 대해 설명할 수 있다.
2. 면접전형 개발 절차 및 단계별 주요 과제를 설명할 수 있다.
3. NCS 직무설명서를 통해 면접의 평가 요소를 선정하고, 이를 평가 요소와 매칭시킬 수 있다.
4. 면접의 운영 절차 및 계획을 수립할 수 있다.

1. 면접전형에서의 구조화 면접

체크리스트 16. 면접전형에서 구조화 면접에 대해 이해하고 있습니까?

면접이란 채용 직무 수행에 필요한 요건들과 관련하여 지원자에게는 자신의 경험 및 성취 등 대해 이야기하여 본인이 적합하다는 것을 보여줄 기회를 제공하고, 기업에게는 평가에 필요한 정보를 수집하고 평가하는 과정이다. 면접을 통해 지원자의 태도, 적성, 직무능력에 대한 정보를 심층적으로 파악할 수 있고, 선발의 최종 의사결정에 주로 활용되며 전 세계적으로 선발에서 가장 많이 사용되는 핵심적으로 중요한 방법이다.

면접은 서류전형이나 필기전형에서 드러나지 않는 것들을 볼 수 있다. 면접의 특징으로 첫째, 직무 수행과 관련된 다양한 지원자 행동에 대한 관찰이 가능하고, 둘째, 면접관이 알고자 하는 정보를 심층적으로 파악할 수 있으며, 셋째, 서류상의 미비한 사항과 의심스러운 부분을 확인할 수 있다. 넷째, 커뮤니케이션, 대인관계행동 등 행동/언어적 정보도 얻을 수 있다.

최근 직무능력 중심 채용에서는 구조화된 면접을 활용한다. 구조화된 면접이란 사전에 평가 기준에 대한 정의 및 행동 수준 등을 정하고, 질문을 개발하는 것이다. 모든 지원자에게 동일한 질문과 평가 기준 및 절차를 적용하여 평가한다. 예를 들어 경험 면접Behavior Interview, 상황 면접Situation Interview, 발표 면접Presentation Interview, 토론 면접Group Discussion 등이 있다. 면접관 재량에 따라 공정성과 타당도의 차이가 발생하는 전통적 면접에 비해 평가의 공정성과 타당도가 높다.

〈표 50〉 일반 면접전형 vs 직무능력 중심 채용의 구조화 면접

일반 면접 전형	직무능력 중심 채용의 구조화 면접
비구조화된 면접	구조화된 면접
개인 특성 중심	직무 특성 중심
회사에 대한 동기	직무에 대한 동기
회사 중심의 일반적 면접	쌍방적인 면접의 기회

2. 면접전형 개발 절차 및 단계별 주요 과제

체크리스트 17. 면접전형 개발 절차 및 단계별 주요 과제를 알고 있습니까?

면접전형 개발 절차 및 단계별 주요 과제를 이해해야 하는데, 면접에서 평가해야 하는 요소들은 채용하고자 하는 포지션의 직무와 연관되어야 하며, 이를 위해 포지션별 능력에 대한 정의를 활용하여 평가 요소를 구체화해야 한다.

면접전형을 개발하기 위해서는 먼저, 평가를 설계해야 한다. 평가 영역을 선정하기 위해 주요 능력단위를 도출하여 채용 직무기술서를 활용하여 직무전문가 인터뷰를 활용하여 평가 영역별 면접유형을 결정한다. 영역별 적합한 면접유형(구술 면접, 시뮬레이션 면접)을 결정하고, 평가 영역×면접유형(평가도구) 매트릭스를 작성한다.

둘째, 면접도구를 개발한다. 채용 직무기술서와 핵심성과지표를 활용하여 평가 기준을 선정하고 직무전문가 인터뷰를 활용하여 직무 상황 및 사례를 도출하여 최종적으로 면접 질문 및 과제를 개발한다. 여기서 직무 상황은 지원 분야의 직무 수행에서 접할 수 있는 상황으로 평가하려는 역량이 잘 드러나는 상황이다. 직무 상황 개발 시 피해야 하는 상황은 지원자가 사전에 인지하고 있는 지식이 영향을 받는 상황이나, 지원자에게 너무 생소한 상황이거나 사회적으로 바람직한 모습이 분명히 제시될 수 있는 상황이다. 직무 상황을 구성할 때는 쉽게 드러나는 문제점(또는 이슈)과 숨겨져 있는 문제점(또는 이슈)을 포함하고, 해당 역량이 부족한 사람들과 그렇지 않은 사람들을 구분하는 기준을 포함해야 한다. 또한, 지원자가 의사결정 및 행동전략 수립에서 고려해야 하는 다양하고 구체적인 요소를 포함하고, 지원자의 가치, 태도, 욕구, 역량 수준에 따라 다른 반응 응답이 나타날 수 있는지 검토해야 한다.

셋째, 타당성을 검증한다. 직무 전문가 및 평가 전문가 의견을 수렴하여 면접 질문과 과제를 개발한 후 모의 테스트를 통해 수정보완한다. 이를 통해 면접전형을 개발한다. 예를 들어, 경험 면접 BEI : Behavioral Event Interview은 지원자의 역량에 관한 증거가 될 수 있는 과거 사건·상황에 대해 지원자 판단, 판단의 이유, 행동 의도 등을 질문하는 방식으로 사람들은 일관되게 행동하며, 이러한 특성은 쉽게 변하지 않기 때문에 과거의 행동은 미래의 행동을 타당하게 예측할 수 있다는 이론적 근거를 기반으로 개발한다. 상황 면접SI : Situational Interview은 주어진 상황에서 지원자 판단, 판단의 이유, 행동 의도 등을 질문하는 방식으로 사람들의 행동을 상황에 대한 인식과 행동 의도를 통해 잘 예측할 수 있다는 이론적 근거를 바탕으로 개발한다. 지원자가 관련 역량과 관련한 경험이 없을 경우 유용하게 사용될 수 있다.

타당성 검증은 직무 전문가 및 평가 전문가가 참여한 내용타당도를 검증하고, 필요시 실제 평가 상황과 동일한 모의 테스트를 통해 면접 질문과 과제를 검증한다. 참석자의 사후 반응 조사를 기초로 내용을 수정하고 보완하며, 정보 이해의 용이성, 과제 수행시간의 적합성, 면접 과정에서의 어려움, 제공되는 정보량의 적정성 및 추가 필요 정보 등을 파악한다.

〈표 51〉 일반 면접전형 vs 직무능력 중심 채용의 구조화 면접

순서	작업	내용
1	평가설계	• 평가 기준 선정(주요 과업, 직업기초능력 도출, 직무기술서 참조, 직무전문가 인터뷰 활용) • 평가 기준에 따른 면접도구 결정(평가 기준에 적합한 면접도구 결정, 평가 기준×면접도구 Matrix 작성)
2	면접도구 개발	• 평가 준거 선정(직무기술서 과업별 핵심성과지표 활용) • 기초자료 수집(직무기술서 참조, 직무전문가 인터뷰 활용) • 면접 질문 및 과제 개발(면접도구에 따른 질문 및 과제 개발)

순서	작업	내용
3	타당성 검증 및 개발 완료	• 면접 질문 및 과제 검증(직무 전문가 및 평가 전문가 의견수렴, 모의 테스트를 통한 수정·보완) • 면접 전형 개발 완료

3. NCS 직무설명서 통한 면접 평가 요소 선정 및 매칭

체크리스트 18. NCS 직무설명서를 통해 면접의 평가 요소를 선정, 이를 평가 요소와 매칭시킬 수 있습니까?

NCS 직무기술서(직무설명자료)의 구성요소는 채용 분야, NCS분류체계, 능력단위, 직무수행내용, 필요 지식$_K$, 기술$_S$, 직무 수행태도$_A$, 관련자격, 직업기초능력, 관련사이트라고 한다면, 여기서 면접전형은 주로 직무 수행태도와 직업기초능력에서 평가 요소를 선정한다.

[그림 60] 직무설명서(직무설명자료) 통한 면접 평가 요소 선정 및 매칭

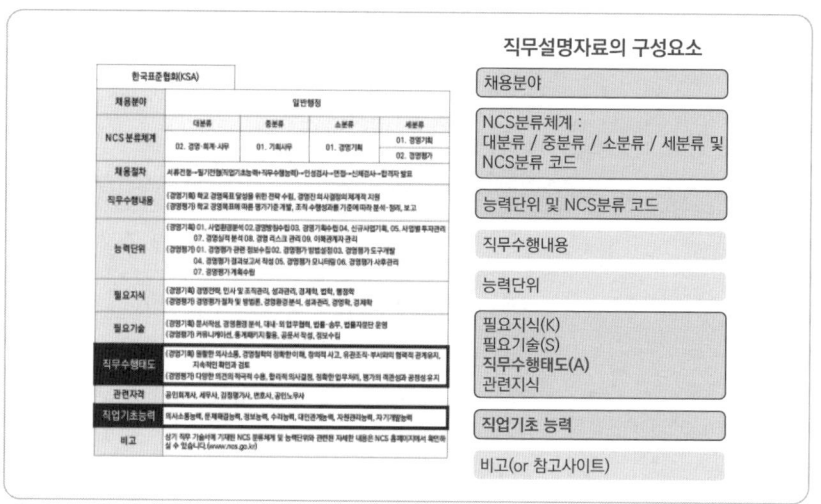

NCS 직무기술서(직무설명자료)의 직무 수행태도와 직업기초능력을 평가 요소로 면접도구를 매칭하여 선발 매트릭스를 작성하면 다음과 같다.

직무 수행태도의 평가 요소를 원활한 의사소통, 경영철학의 정확한 이해, 창의적 사고, 유관조직·부서와의 협력적 관계유지, 지속적인 확인과 검토, 다양한 의견의 적극적 수용, 합리적 의사결정, 정확한 업무처리, 평가의 객관성과 공정성 유지다.

이 중에서 개발면접BEI, SI을 통해 평가할 요소는 원활한 의사소통, 경영철학의 정확한 이해, 창의적 사고, 합리적 의사결정, 정확한 업무처리, 평가의 객관성과 공정성 유지다.

그룹토의GD를 통해 평가할 요소는 원활한 의사소통과 유관조직·부서와의 협력적 관계유지, 다양한 의견의 적극적 수용이다.

발표 면접PT를 통해 평가할 요소는 원활한 의사소통, 창의적 사고, 합리적 의사결정, 정확한 업무처리다. 단, 지속적인 확인과 검토는 평가가 어렵다.

직업기초능력 중 개별면접을 통해 평가할 요소는 의사소통능력, 문제해결능력, 대인관계능력, 자원관리능력, 자기 개발능력이다. 그룹토의를 통해 평가할 요소는 의사소통능력, 대인관계능력이다. 발표 면접을 통해 평가할 요소는 의사소통능력, 문재해결능력이다. 이 중에서 정보능력과 수리능력은 필기전형으로 평가할 요소다.

[그림 61] 직무설명서(직무설명자료)의 태도와 직업기초능력과 면접도구 매칭

구분	평가요소	개별면접 (BEI, SI)	그룹토의 (GD)	발표면접 (PT)	비고
직무 수행 태도	원활한 의사소통	O	O	O	
	경영철학의 정확한 이해	O			
	창의적 사고	O		O	
	유관조직·부서와의 협력적 관계유지		O		
	지속적인 확인과 검토				평가가 어려움
	다양한 의견의 적극적 수용		O		
	합리적 의사결정	O		O	
	정확한 업무처리	O		O	
	평가의 객관성과 공정성 유지	O			
직업 기초 능력	의사소통능력	O	O	O	
	문제해결능력	O		O	
	정보능력				필기전형
	수리능력				필기전형
	대인관계능력	O	O		
	자원관리능력	O			
	자기개발능력	O			

4. 면접의 운영 절차 및 계획 수립

체크리스트 19. 면접의 운영 절차 및 계획을 수립할 수 있습니까?

면접전형의 운영 절차 및 계획을 수립한다. 면접전형 운영은 운영준비(시간 계획), 면접관 교육, 면접전형, 결과종합으로 운영한다. 지원자 1인당 면접 시간에 대한 계획을 수립하고, 면접 일자, 직무별 지원자 수, 직무별 투입 가능한 면접관 수 등을 고려하여 시간 계획을 설계한다.

프로세스: 운영준비 → 면접관 교육 → 면접전형 → 결과종합

면접전형 운영을 위해 첫째, 면접 시행 일자를 설정한다. 둘째, 면접 장소를 확인한다(면접실 개수 확인). 셋째, 1일 8시간 기반 면접 시간 운영계획을 수립한다(평가, 휴식, 식사 고려). 넷째, 지원자 1인당 면접 시간을 결정한다. 다섯째, 직무별 지원자 수 및 면접관 수를 고려한 계획을 수립한다.

〈표 52〉 면접전형 운영 절차 및 계획

구분		내용
운영준비		• 인원 및 면접 운영 계획 수립 • 필요 인원 결정, 내부 또는 외부 인원을 가용 가능 결정
면접관 교육		• 면접관 및 예비 면접관을 대상으로 면접관 교육 실시
면접전형	(면접 전) 사전점검 사항	• 면접 전형 시 필요 자료 프린트 및 제본(평가도구, 입사지원서 사본, 조별 인원 배치 명단) • 면접 장소 안내 사항 작성
	(면접 당일) 면접 시작 전	• 면접 장소 안내 자료 부착, 면접기법 준비 및 배치 • 지원자 참석 인원 확인, 면접관 참석 확인 및 연락 • 대기실 좌석 및 면접관 좌석 및 배치 확인
	면접 중	• 면접 오리엔테이션 • 지원자 대상 면접준비실 및 면접 대기실, 면접실 안내 • 면접관 대상 면접실 안내, 면접도구 배포 및 회수, 면접 준비실 내 감독
	면접 후	• 면접 장소 안내자료 제거 • 면접기법 수거 매수 확인 및 평가 결과 회수(보안)
결과종합		• 평가 결과 종합 • 합격자 결정

V. 채용검증 의뢰 절차

이 장에서는 채용 전형이 완료된 후 완료된 채용 전형이 안정적으로 수행되었는지 외부 전문 컨설팅업체에 채용 전형 검증을 의뢰한 후 검증을 실시한다.

> **학습목표**
> 1. 채용검증 의뢰 절차를 설명할 수 있다.

1. 채용검증 의뢰 절차

체크리스트 20. 채용검증 의뢰 절차에 대해 알고 있습니까?

채용 전형이 완료된 후 완료된 채용 전형이 안정적으로 수행되었는지 외부 전문 컨설팅업체에 채용 전형 검증을 의뢰해야 한다. 채용검증 수행을 위해 분석 대상이 되는 정보(채용 단계별 평가 결과 지원자 및 평가위원 설문결과, 채용 관련 기타 특이사항, 준거변수 정보(성과 수준))를 파악하여 채용검증 절차를 설계하고 검증을 실시한다.

[그림 62] 채용검증 의뢰 절차

PART 4.

분야별 직무 코칭 솔루션 (예시)

Ⅰ. 「인사분야」 직무 코칭 솔루션

Ⅱ. 「IT분야」 직무 코칭 솔루션

청년은 취업하고자 하는 직무를 선정하고, 기업은 채용하고자 하는 직무를 선정하였다면, 직무별 직무 특징, 직무 트렌드, 경력개발경로, NCS 기반 직무기술서 구성, 직무기술서 예시, 자기소개서 문항(① 지원 동기, ② 직무 경험, ③ 문제해결)을 체크해 본다. 이 장에서는 한국산업인력공단 국가직무능력표준원이 2022년 수행한 「인사분야」, 「IT분야」를 중심으로 직무 멘토링을 통한 코칭 솔루션을 제시한다.

I. 「인사분야」 직무 코칭 솔루션

이 장에서는 「인사분야」 직무 특징, 직무 트렌드, 경력개발경로, NCS 기반 직무기술서 구성을 제시하고, 「인사분야」 직무기술서 예시와 자기소개서 문항(① 지원 동기, ② 직무 경험, ③ 문제해결)의 작성 예시를 제시하며, NCS 기반 면접 질문 및 답변 예시를 제시한다.

학습목표
1. 「인사분야」 직무 특징을 설명할 수 있다.
2. 「인사분야」 직무 트렌드를 설명할 수 있다.
3. 「인사분야」 경력개발경로를 설명할 수 있다.
4. 「인사분야」 NCS 기반 직무기술서 구성을 설명할 수 있다.
5. 「인사분야」 직무기술서 예시를 설명할 수 있다.
6. 「인사분야」 자기소개서 문항(① 지원 동기, ② 직무 경험, ③ 문제해결)의 작성 예시를 설명할 수 있다.
7. 「인사분야」 NCS 기반 면접 질문 및 답변 예시를 설명할 수 있다.

1. 「인사분야」 직무 특징

「인사분야」의 직무 특징으로는 첫째, 조직 내 근로자와 관련된 모든 일을 하는 것이다. 인사 직무는 기업의 경영과 사업전략 실행의 근간이 되는 직무다. 인사HR 직무는 인적자원관리HRM와 인적자원개발HRD 분야로 구분된다.

인적자원관리는 인재의 채용, 평가/보상 제도의 기획과 운영,

복리후생 제도와 관련된 업무를 수행하며 인적자원개발은 인재상에 맞게 직원 육성을 위한 교육프로그램 기획 및 운영, 자기 개발 및 경력개발을 지원하는 업무를 수행한다.

둘째, 조직의 비전, 전략과 밀접하게 연관된다. 인사 직무는 조직의 비전과 중장기 사업 전략에 따라 인사 전략의 수립부터 시작된다. 조직의 전략 방향이 비전을 달성하는 방법에 대한 거시적 원칙을 정의한 것이라면 인사 전략은 환경 분석을 통해 인사 과제의 지향점을 확인하는 것이다. 인사 과제는 인력 운영, 보상 전략, 육성 개발, 각종 인사제도 개선, 조직 활성화 분야에서 제기되는 이슈를 고려하여 수립된다.

셋째, 경영 지식과 리더십이 중요하다. 인사 담당자는 다양한 직무나 직급의 근로자와 소통하게 된다. 그 과정에서 예상되는 문제들을 정확하게 분석하고 올바른 방향으로 해결책을 찾아가야 한다. 단지 개인의 문제가 아닌 조직, 부서, 구성원들의 관점에서 해결책을 제시해야 한다. 그래서 경영에 대한 시각과 관련 법률(노동법, 근로기준법 등) 지식을 갖추고 근로자를 이끌어 가야 한다.

2. 「인사분야」 직무 트렌드

비즈니스 환경의 급격한 변화와 함께 인사 직무와 관련해서도 ① MZ세대의 Main Stream 등장, ② 조직문화/근무 분위기에 대한 수용보다는 요구하거나 선택하기, ③ 불황 속의 구인난, ④ 조용한 퇴직 등 전과는 뚜렷이 구별되는 트렌드가 나타나고 있다.

이에 따라 기업의 인사담당자들도 채용 방식의 개선, 성과주의 임금체계 정비, 새로운 흐름에 부합하는 조직문화와 근무 분위기 조성 등의 과제에 대해 깊이 고민하고 있다. 최근 어느 그룹에서 조직구성원 대상의 서베이를 진행한 결과 직장에서의 행복을 좌우하는 가장 중요한 요소들로 '성장, 자율, 관계, 워라밸, 보상'의 5가지가 거론되었다고 한다.

앞서 언급한 뉴 트렌드에 시의적절한 대응을 하기 위해서는 이러한 요소들이 '다양성'과, '공정성'의 전제하에 조직구성원들에게 제공되어야 할 것이다. 직원들의 행복 5요소를 실현해 주는 역할을 수행하기 위해, 인사 담당 지원자는 대내외 환경과 상황에 대한 관심과, 조직구성원의 다양한 목소리 청취, 관련 이슈의 동향에 대한 학습이 필요하며, 이를 위해서는 재무, 인사관리, 심리학 등에 대한 기본 소양과 함께 새로운 업무 툴의 활용을 위해 IT 관련 역량도 갖출 수 있어야 한다.

3. 「인사분야」 경력개발경로

경력개발경로는 개인이 직업생활에 종사하는 동안 계획하는 직위나 역할 이동 경로를 도식화한 것으로 경력개발, 채용·승진 등 인사관리에 활용할 수 있다.

[그림 63] 「인사분야」 경력개발경로

직능수준	직능유형(직급)	능력단위
6	Senior Manager (차장)	인사기획
5	Manager (과장)	직무관리 / 인력채용 / 인력이동관리 / 인사평가 / 핵심인재관리 / 임금관리 / 전직지원
4	Junior Manager (대리)	교육훈련 운영 / 복리후생 관리 / 조직문화관리 / 아웃소싱
3	Senior Associate (주임)	급여지급 / 퇴직업무지원

4. 「인사분야」 NCS 기반 직무기술서 구성

인사 직무는 NCS 홈페이지www.ncs.go.kr의 NCS학습모듈 검색에서 「02. 경영·회계·사무(대분류), 02. 총무·인사(중분류), 02. 인사·조직(소분류), 01. 인사(세분류)」에서 확인할 수 있다.

직무 정의를 살펴보면, 인사는 조직의 목표 달성을 위해 인적자원을 효율적으로 활용하고 육성하기 위하여 직무조사 및 직무 분석을 통해 채용, 배치, 육성, 평가, 보상, 승진, 퇴직 등의 제반 사항을 담당하며, 조직의 인사제도를 개선 및 운영하는 업무를 수행하는 일이다.

관련 자격 정보를 살펴보면, 경영지도사(인적자원관리), PHR Professional in Human Resources, SPHRSenior Professional in Human Resources, GPHRGlabal Professional in Human Resources이 있다.

직업 활동 영역을 살펴보면, 기업체 인사 부서 임직원, 인사 관련 협회 및 단체 임직원, 인사 관련 강사 및 교수가 될 수 있다.

관련 직업기초능력을 살펴보면, 의사소통능력(경청, 문서이해, 문서작성, 의사표현), 문제해결능력(문제처리, 사고력), 자기 개발능력(경력개발, 자기관리), 자원관리능력(물적자원관리, 시간자원관리, 예산자원관리, 인적자원관리), 정보능력(정보처리, 컴퓨터활용), 조직이해능력(경영이해, 업무이해, 조직체제이해)이 있다.

능력단위 및 정의를 살펴보면, 능력단위란 특정 직무에서 업무를 성공적으로 수행하기 위하여 요구되는 능력을 교육훈련 및 평가가 가능한 기능 단위로 개발한 것으로, 인사 직무의 능력단위와 정의는 다음과 같다.

〈표 53〉「인사분야」능력단위

능력단위	수준	능력단위 정의
인사기획 (0202020101_19v2)	6	인사기획이란 조직의 목표 달성에 필요한 인적자원의 효율적 운영을 위하여 인사전략을 수립하고 인력, 인건비 운영에 대한 계획을 수립하는 능력이다.
직무관리 (0202020102_19v2)	5	직무관리란 직무를 기반으로 한 인력 관리를 위해 직무를 분석하고, 직무평가를 실시하며, 필요시 기존 직무분류 체계를 유지 보수하는 능력이다.
인력채용 (0202020103_19v3)	5	인력채용이란 조직에 적합한 인재를 확보하기 위하여 계획 수립, 모집, 선발, 채용 후 사후관리를 수행하는 능력이다.
인력이동관리 (0202020104_19v3)	5	인력이동관리란 조직 내 인력 활용의 효율을 높이기 위해 제도를 수립하여 인력의 이동, 배치, 승진 업무를 수행하는 능력이다.
인사평가 (0202020105_19v2)	5	인사평가란 조직의 성과 향상과 조직구성원의 능력을 제고하기 위하여 평가계획수립, 목표설정, 평가 교육, 인사평가를 수행하는 능력이다.
핵심인재관리 (0202020106_19v2)	5	핵심인재관리란 전문적 과업 능력과 열정을 겸비하고 조직의 미래 성장을 이끌 수 있는 인재를 선발 및 육성하는 능력이다.
교육훈련운영 (0202020107_19v3)	4	교육훈련운영이란 인력육성 방향성에 따라 연간 교육계획을 수립하여 교육 훈련 과정의 기획, 운영, 평가를 통해 조직구성원의 역량 향상을 지원하는 능력이다.
임금관리 (0202020108_19v3)	5	임금관리란 조직성과 향상에 기여한 조직원의 처우를 개선할 목적으로 시장 임금을 조사하고, 임금인상률을 확정하여 임금 계약체결을 수행하는 능력이다.
급여지급 (0202020109_19v4)	3	급여지급이란 조직원의 정해진 기본급과 휴가와 근태 실적을 반영하여 확정된 조직원의 임금을 정해진 날에 집행하고 연말 소득에 따라 납부한 세금을 소득세법에 따라 재계산하여 연간 세금 정산을 수행하는 능력이다.
복리후생관리 (0202020110_19v3)	4	복리후생관리란 조직의 경영전략과 예산계획에 의거하여 조직구성원들의 근로조건 개선 및 복지 증진을 위한 복리후생 제도를 운영하는 능력이다.

능력단위	수준	능력단위 정의
조직문화관리 (0202020111_19v2)	4	조직문화관리란 해당 조직의 비전과 목표를 조직구성원들이 공유하기 위하여 조직문화의 분석과 실행 방안을 수립하고 실행하는 능력이다.
인사 아웃소싱 (0202020113_19v2)	4	인사 아웃소싱이란 선정된 아웃소싱 대상 업무 수행을 위하여 운영업체의 제안 내용의 평가를 통해 계약을 체결하고 운영업체를 관리하는 능력이다.
퇴직업무지원 (0202020114_19v4)	3	퇴직업무지원은 퇴직 사유가 있는 퇴직예정자를 확인하여 퇴직유형에 적합한 퇴직 절차를 수행하는 능력이다.
전직지원 (0202020115_19v4)	5	전직지원은 퇴직대상자 중 퇴직 후 전직을 희망하는 지원자의 역량 파악, 전직 분야 설정, 활동 계획 수립, 정보제공 활동과 교육을 실시하여 전직을 지원하는 능력이다.

관련 지식/기술/태도를 살펴보면, NCS 능력단위의 지식/기술/태도란 산업현장에서 직무를 수행하는 데 필요한 능력으로 인사직무의 지식/기술/태도는 다음과 같이 구성되어 있다.

〈표 54〉 「인사분야」 능력단위의 지식/기술/태도

지식(K)	기술(S)	태도(A)
☐ 4대 사회보험 관련법 ☐ 근로기준법 ☐ 소득세법 ☐ 임금관리 ☐ 관리회계 ☐ 조직의 이해 ☐ 평가제도 ☐ 경력개발방법론 ☐ 복리후생 제도 운영 ☐ 직무분석 ☐ 채용기법 ☐ 취업규칙 ☐ 평가 방법론 ☐ 경력개발 설계 방법	☐ 기획력 ☐ 전사적 자원관리시스템 활용 ☐ 전자인사관리시스템 활용 능력 ☐ 촉진(Facilitating) 능력 ☐ 직무기술서 작성 기술 ☐ 효과적 예산 활용 능력 ☐ 예외사항 처리 능력 ☐ 의사결정 시스템 활용 능력 ☐ 직업훈련정보 분석 능력 ☐ 인력 수요 예측기술 ☐ 인건비 운영 시뮬레이션 능력 ☐ 직무조사 설문지 설계 기술	☐ 적극적인 수용의지 ☐ 개방적 의사소통 ☐ 정확성 ☐ 객관적 태도 ☐ 고객지향성 ☐ 기업가 정신 ☐ 성취지향적 태도 ☐ 열린 마음 ☐ 가치중립적 태도 ☐ 공정하고 객관적인 자세 ☐ 관찰력 ☐ 정보보호를 위한 세심함 ☐ 유연한 태도 ☐ 도덕성

지식(K)	기술(S)	태도(A)
☐ 교육평가 방법 ☐ 노동법 ☐ 단체협약 ☐ 복리후생제도 설계 방법 ☐ 사내 급여 및 복무규정 ☐ 사회조사방법론 ☐ 상관회귀분석방법 ☐ 시장조사방법 ☐ 역량 모델링 ☐ 인건비 분석 ☐ 인력육성체계 ☐ 인사규정 ☐ 임금 및 단체협약 ☐ 재무제표분석방법 ☐ 적정인력산정법 ☐ 전략적 인적자원관리 ☐ 자원관리시스템(ERP) 이해	☐ 통계처리능력 ☐ 직무분석 기술 ☐ 인력수요예측 기술 ☐ 평가기술 ☐ 핵심인재 제도설계 기술 ☐ 교육요구분석 ☐ 교육과정 설계 기술 ☐ 조직문화진단 분석 능력 ☐ 실행방안 성과 분석 능력 ☐ 데이터 분류 능력 ☐ 전직지원상담능력 ☐ 인력운영의 효율성 분석 능력 ☐ 인력운영 계획수립 능력 ☐ 정보관리능력 ☐ 성과관리지표 설계 기술 ☐ 의사결정능력 ☐ 조정능력 ☐ 평가 결과 분석 능력 ☐ 전직지원 직업정보 분석 능력	☐ 문제의식 ☐ 사교적 태도 ☐ 손익 마인드 ☐ 추진력 ☐ 전략적 사고와 통찰력 ☐ 조직의 생리와 직무에 대한 상호 관련성 수용 ☐ 지속적인 점검 및 확인 ☐ 직무에 대한 신중한 검토 ☐ 창의적 사고 ☐ 체계화 및 우선순위 파악 ☐ 치밀하고 꼼꼼한 태도 ☐ 타부서와의 협업적 태도 ☐ 배려 ☐ 포괄적 시각 ☐ 합리적 사고

5. 「인사분야」 직무기술서 예시

국립대구과학관에서 「인사」와 「인사관리」 분야 채용 시 제시한 직무기술서 예시는 다음과 같다.

[그림 64] 「인사분야」 국립대구과학관 직무기술서(예시)

국립대구과학관 직무기술서				일반직(행정직)_인사·노무_원급	
직무	인사·노무	분류체계	대분류	02. 경영·회계·사무	
			중분류	02. 총무인사	
			소분류	02. 인사·조직	
			세분류	01. 인사	
				02. 인사관리	
기관 주요사업	○ 과학기술 자료의 발굴·수집·보존·관리 및 전시 ○ 과학기술 자료에 관한 전문적·학술적인 조사·연구 ○ 과학기술 교육프로그램의 개설·운영 ○ 과학기술 자료에 관한 각종 간행물의 제작·배포 ○ 국내외 다른 과학관과의 과학기술자료, 간행물 또는 정보의 교환 및 공동연구 등의 협력				
직무정의	○ 인적자원을 효율적으로 활용하고 인사조직, 노무관리 등의 제반 업무 수행				
직무 수행 내용		능력단위	주요업무	책임 및 역할	
		인사	인사기획·평가	○ 인사전략, 인력운영계획, 인사평가제도 수립 및 인력운영	
			인사채용·운용	○ 채용계획 수립 및 인력채용 채반 업무 수행	
			임금관리	○ 임금조정안 수렴·확정, 임금계약 체결 업무 수행	
		노무관리	노사관계 계획	○ 노사관계 계획 수립 및 단체교섭 준비, 단체교섭협약 및 이행	
			교섭준비·단체교섭	○ 노사협의회 및 위원회 운영 및 사후관리	
			노사협의회운영 및 노사관계 개선	○ 노사관계 개선 방안 수렴, 노동법 준수 및 직원고충 처리	
전형방법	○ 서류전형 → 필기전형 → 면접전형 → 합격자 선정				
일반요건	연령	○ 무관 (단, 만 60세를 초과하는 자는 제외)			
	성별	○ 무관			
필요 지식	○ 공공기관 인사실무 지식 ○ 직무분석 및 적정인력산정법 지식 ○ 근로기준 관련 법령 지식 ○ 노사관계 개선활동 종류와 사례 지식				
태도	○ 창의적으로 사고하고 적극적으로 수행하고자 하는 태도 ○ 객관적·종합적인 분석태도 및 요구사항에 대한 명확한 판단력 ○ 여러 부서와 협업 및 노사관계를 개선하려는 자세 ○ 투명하고 공정한 업무수행 태도				
자격(필수)	○ 채용 공고문 참조				
직업기초능력	○ 의사소통능력, 문제해결능력, 조직이해능력, 정보능력, 자원관리능력, 직업윤리				
참고사이트	○ 직업기초능력 관련 : 국가직무능력표준 홈페이지(www.ncs.go.kr)				

6. 「인사분야」 자기소개서 문항

① 지원 동기 : 우리 회사와 해당 직무 분야를 지원한 동기가 무엇인가요?

지원 동기를 작성하는 원칙은 첫째, 회사 지원 동기는 간단하게 사업 내용에 대한 이해, 하고 싶은 일, 자신이 생각하는 비전을 중심으로 간단하게 작성한다. 둘째, 희망 직무의 선택 이유에서 직무의 부합도와 적성을 강조한다. 셋째, 입사 후 포부 등을 직무 노력을 기반으로 확장성 있게 작성한다. 넷째, 직무 관련 전공 지식 및 지원 기업의 비전, 핵심 가치 등에 대한 이해를 표현한다. 다섯째, 직무와 밀접하게 관련되는 능력단위, 직업기초능력 등을 활용하여 직무에 대한 이해도를 강조한다.

「인사분야」 직무에 지원한 동기 작성한 예시는 다음과 같다.

「인사분야」 직무 지원자의 "지원 동기" 작성한 예시

> 제가 인사 직무에 지원한 이유는 인력 채용을 통해 조직의 성공 DNA를 확보할 수 있다는 매력 때문입니다. 구성원의 교육훈련도 중요하지만, 훌륭한 인재를 채용하는 것도 조직 발전에 큰 영향을 미칠 수 있다고 생각합니다.
> 저는 경영학 전공을 하며 데이터분석준전문가 자격증을 취득하여 데이터 분석 역량을 키웠습니다. 입사 후, 저의 데이터 분석 역량을 기반으로 인사 프로세스와 인력 운영 체계를 관리하는 시스템을 구축하는데 기여하도록 하겠습니다. 인사기획, 인력채용, 인력이동관리, 교육훈련에 있어 임직원들과 직접 소통하며, 정확한 데이터를 기반으로 공정성을 확보하겠습니다. 또한 OO기업 내 다양한 직무에 근거한 맞춤형 경력개발 프로그램을 구축하여 조직 구성원들의 만족감과 동기부여에 기여하겠습니다.

〈표 55〉「인사분야」직무의 "지원 동기" 작성 시 활용한 능력단위

능력단위	능력단위 정의
인사기획 (0202020101_19v2)	인사기획이란 조직의 목표 달성에 필요한 인적자원의 효율적 운영을 위하여 인사전략을 수립하고 인력, 인건비 운영에 대한 계획을 수립하는 능력이다.
직무관리 (0202020102_19v2)	직무관리란 직무를 기반으로 한 인력관리를 위해 직무를 분석하고, 직무평가를 실시하며, 필요시 기존 직무분류 체계를 유지 보수하는 능력이다.

② 직무 경험 : 동아리, 학과, 회사 등에서 지원 직무와 관련된 경험이 있다면 기술해주세요.

직무 경험을 작성하는 원칙은 첫째, 동아리, 학과, 회사에서의 직무 관련 경험을 탐색한다. 둘째, 해당 업무(경험)에서 본인이 담당했던 일이 지원한 직무와 어떤 연관성이 있는지 나타나도록 기술한다. 셋째, 해당 업무를 통해 느낀 점을 구체적으로 기술한다. 넷째, 지원 직무와 관련 경험을 구체적으로 제시하고 해당 경험이 직무 수행 시 어떻게 발휘될 수 있는지를 중심으로 기술한다. 다섯째, 직무와 밀접하게 관련되는 능력단위, 직업기초능력 등을 활용하여 직무에 대한 이해도를 강조한다.

「인사분야」직무 지원자의 "직무 경험" 작성한 예시

> 학교 내 동아리에서 신입생을 선발하기 위한 면접관의 역할을 했었고, 그 과정에서 '모든 동아리 구성원이 납득할 수 있고 인정할 수 있는 신입생 선발'이라는 나름의 목표를 설정하였습니다. 지원하는 신입생 대부분이 장점을 지니고

있었지만, 동아리에서 관리할 수 있는 범위가 제한적이었기 때문에 부득이하게 면접을 거치게 되었습니다.

면접에 앞서 동아리 구성원의 납득을 위해, 기존 부원들이 생각하는 '가장 중요한 역량'에 대한 의견을 모으고, 이를 몇 개의 카테고리로 분류하였고, 그에 대해 간단한 공통 면접 문항을 만들어 보았습니다. 실제 면접 진행에서는 면접 과정에 참석할 수 있는 자리가 한정되었기에, 면접 분기마다 가능한 기존 동아리 부원들을 참석하도록 했습니다. 또한 중요한 역량에 대해 5점 척도의 평가지를 작성하게 하여, 최대한 객관성을 확보하고자 노력하였습니다. 이처럼 앞서 도출된 공통 문항을 기반으로 매번 다른 채용 담당 부원의 피드백을 통해 최종적으로 5명의 인원을 선발할 수 있었습니다.

〈표 56〉「인사분야」 직무의 "직무 경험" 작성 시 활용한 능력단위

능력단위	능력단위 정의
인력채용 (0202020103_19v3)	인력채용이란 조직에 적합한 인재를 확보하기 위하여 계획수립, 모집, 선발, 채용 후 사후관리를 수행하는 능력이다.

③ 문제해결 : 해결하기 어려웠던 문제를 해결한 경험이 있다면 기술해 주세요.

문제해결을 작성하는 원칙은 첫째, 당면했던 문제가 무엇인지 구체적인 상황과 함께 기술한다. 둘째, 왜 그것이 문제라고 생각했는지에 대해서도 기술(원인 분석)한다. 셋째, 원인 분석→대안 제시→원인 규명을 위한 구체적 노력이나 행동 순으로 기술한다. 넷째, 결과와 배운 점 등을 중심으로 기술한다. 다섯째, 자신의 장점을 부각시킬 수 있는 문제상황을 선택하고, 장점을 살려 문제를 극복한 경험을 중심으로 기술한다. 여섯째, 직무와 밀접하게 관련되는 능력단

위, 직업기초능력 등을 활용하여 직무에 대한 이해도를 강조한다.

「인사분야」 직무 지원자의 "문제해결" 작성한 예시

> 학교의 산학 연계 프로그램을 통해 OO기업 인사팀에서 인턴사원으로 근무하게 되었습니다. 당시 OO기업은 조직문화 개선의 일환으로 직원복지에 총력을 기울이던 시기였습니다. 그러나 회사 차원에서 직원들의 업무 만족도 개선을 위해 많은 예산을 들여 다양한 복지제도를 시행하였음에도 불구하고 좀처럼 만족도는 개선되지 않는 상황이었습니다. 인사팀 내에서는 어떻게 하면 직원 만족도를 향상시킬 수 있을지 아이디어를 공모하였습니다. 저는 만족도가 개선되지 않는 원인을 직원들의 니즈 파악을 하지 못한 채 일방적으로 제공되는 복리후생 제도에 있다고 보고 먼저 수요조사를 실시할 것을 제안하였습니다.
> 무엇이 우선 필요한지 전 직원 대상 수요조사를 통해 직원들의 실수요를 파악하고 회사의 예산, 지원 가능성, 기대 효과 등을 고려하여 우선순위를 세워 복리후생 제도를 실시하였고 그 결과, 이전보다 약 30% 이상 향상된 만족도 조사 결과를 확인할 수 있었습니다. 이를 통해, 직원들의 의견을 수렴하는 것이 모든 제도 시행의 첫 번째라는 것을 깨달았습니다.

〈표 57〉「인사분야」 직무의 "문제해결" 작성 시 활용한 능력단위

능력단위	능력단위 정의
복리후생관리 (0202020110_19v3)	복리후생관리란 조직의 경영전략과 예산계획에 의거하여 조직구성원들의 근로조건 개선 및 복지 증진을 위한 복리후생 제도를 운영하는 능력이다.

7. 「인사분야」 NCS 기반 면접 질문 및 답변 예시

· 공정한 평가란 무엇이라고 생각하십니까?
· 조직구성원의 공정한 인사평가를 위해 가장 중요한 것은 무엇입니까?

질문 의도는 첫째, 인사 직무의 능력단위 중 인사평가에 대해 이해하고 있는지 확인하는 것이고, 둘째, 공정성을 확립하기 위한 방안을 계획할 수 있는지 확인하는 것이다.

「인사분야」 직무 지원자의 "NCS 기반 면접 질문" 답변한 예시

> 공정한 평가는 공정한 보상과, 인재 육성의 기초라는 점에서 매우 중요합니다. 그럼에도 직원들이 느끼는 사내 인사평가에 대한 신뢰도는 극히 저조하다고 합니다.
> 평가의 공정성을 높이기 위해 가장 중요한 것은 객관적인 평가 기준을 사전에 설정하고 이를 투명하게 공개해야 한다는 것입니다. 아울러 개인의 평가 항목은 적정한 목표설정과 이에 대한 상호 합의로 확정되어야 합니다.
> 이를 실현하기 위한 방법으로 평가 등급 폐지, 또는 절대평가의 도입이 검토될 필요가 있습니다. 아울러 지속적인 평가 면담과 평가 결과에 대한 실질적인 이의 제기 장치가 마련되어야 하겠습니다.

〈표 58〉「인사분야」 직무의 "NCS기반 면접 질문"에 대한 답변 시 활용한 능력단위

능력단위	능력단위 정의
인사평가 (0202020105_19v2)	인사평가란 조직의 성과 향상과 조직구성원의 능력을 제고하기 위하여 평가계획수립, 목표설정, 평가 교육, 인사평가를 수행하는 능력이다.

「IT분야」 직무 코칭 솔루션

이 장에서는 「IT분야」 직무 특징, 직무 트렌드, 경력개발경로, NCS 기반 직무기술서 구성을 제시하고, 「IT분야」 직무기술서 예시와 자기소개서 문항(① 지원 동기, ② 직무 경험, ③ 문제해결)의 작성 예시를 제시하며, NCS 기반 면접 질문 및 답변 예시를 제시한다.

학습목표
1. 「IT분야」 직무 특징을 설명할 수 있다.
2. 「IT분야」 직무 트렌드를 설명할 수 있다.
3. 「IT분야」 경력개발경로를 설명할 수 있다.
4. 「IT분야」 NCS 기반 직무기술서 구성을 설명할 수 있다.
5. 「IT분야」 직무기술서 예시를 설명할 수 있다.
6. 「IT분야」 자기소개서 문항(①지원 동기, ②직무 경험, ③문제해결)의 작성 예시를 설명할 수 있다.
7. 「IT분야」 NCS 기반 면접 질문 및 답변 예시를 설명할 수 있다.

1. 「IT분야」 직무 특징

「IT분야」의 직무 특징으로는 첫째, 4차 산업혁명의 흐름과 함께 수요가 증가하는 직무라는 것이다. 코로나19로 인한 '언택트', '디지털화'의 실질적인 수요가 폭증하며, 비전공자를 대상으로도 개발자로 양성하기 위한 교육 프로그램이 운영되고 있다. 이러한 흐름은 정책적인 디지털 뉴딜 사업으로도 이어져, 'K-Digital Training'도 진행되고 있다.

둘째, 프로그래밍 기초 역량이 중요한 직무다. IT 직무는 사용자의 다양한 문제 해결을 위해 명령을 수행하는 응용 프로그램(애플리케이션)을 개발하고 컴퓨터 시스템의 사용 환경에 따라 환경을 변경하는 업무를 맡는다. 담당하는 소프트웨어의 종류와 용도도 다양하며, 이러한 IT 직무를 수행하기 위해서는 프로그래밍 역량이 중요하다. 대학에서 개발자를 전공하는 경우에는 보통 C언어, JAVA, 비주얼 스튜디오, 델파이, 파워빌드 등 수많은 프로그래밍 언어에 대한 기초적인 역량을 함양해야 한다.

셋째, 소프트웨어 개발 능력과 함께 진취적인 태도를 함양해야 한다. IT 직무는 기본적으로 사람들이 편리하게 사용할 수 있는 소프트웨어를 개발하기 위해 창의력과 전산, 기술 설계, 기술 분석 등의 능력이 요구된다. 소프트웨어 개발 과정에서 발생하는 문제들을 점검하고 해결하고자 하는 문제해결 능력도 필요하다. 개발과 관련한 프로그래밍 언어나 관련 기술은 끊임없이 변화하므로 신기술을 계속해서 습득해야만 하는 직무이기도 하다. 이를 위해 자기 개발을 위한 적극적인 자세와 더불어 분석적 사고, 책임감과 진취성이 필요하다.

2. 「IT분야」 직무 트렌드

「IT분야」직무 트렌드를 분석하면, 최근 AI에 대한 관심이 높아지면서 SW를 다루는 사람이라면, 기본적으로 파이선을 배우는 것 같다. 하지만 반대로 AI의 한계성으로 각 실무에서 실제 사용하는 SW와는 차이가 있는 점도 알아야 한다. 실제적으로 AI를 사용하는 곳이 매우 한정적이기 때문이다.

또한 최근 졸업생들 대부분 자신이 자랑할 만한 Project는 하나

쯤 준비하는 것 같다. 단편적인 SW 기술보다는 본인이 관심도가 높은 Lab실이나 학기 중에 Project에 난이도가 있더라도 대학원생 과제 이상으로 주제를 선정하여 참여하거나 주관해 보는 것이 회사 면접이나 자소서에 매우 유용하게 활용할 수 있다.

　더불어 SW 분야는 매우 넓기 때문에 기초를 갖추었다면, 본인이 취업하고자 하는 분야의 모집공고를 참고하여 학습하고 과제를 진행한다면 더 좋을 것 같다. 한번 선정한 Project가 내 평생의 업무가 될 수도 있다. 신중하게 고려하시길 바란다. 주변에 내가 원하는 과제가 없다면 과감하게 타학교에 방문해서 진행하는 것도 나쁘지 않다. 면접이나 발표 등에서 개개인에게 긴 시간이 주어지지 않기 때문에 어떻게 자소서에 기재될지 또 자신의 장점을 어떻게 설명할지 미리 고민하면서 준비하는 것도 하나의 방법이라 생각된다.

　마지막으로, 최근에 다시 인턴십이 많이 늘어나고 있는 것 같다. 과제 내용도 중요(대부분 멘토가 선정 및 관리)하지만, 자신이 한 내용을 관련 분야를 대략 아는 사람(임원)에게 정리를 잘해서 보기 쉽게 PPT를 준비하는 연습도 매우 중요 할 것으로 생각한다. 자신과 비슷한 분야 외의 사람들에게 자소서나 학기 중에 해봤던 과제에 대해서 PPT 발표 연습도 많이 해본다면 매우 도움이 될 것 같다.

3. 'IT분야」 경력개발경로

　경력개발경로는 개인이 직업생활에 종사하는 동안 계획하는 직위나 역할 이동 경로를 도식화한 것으로 경력개발, 채용·승진 등 인사관리에 활용할 수 있다.

[그림 65]「IT분야」경력개발경로

직능수준	직능유형(직급)	능력단위
7	수석 SW아키텍트 (부장/차장)	애플리케이션 요구사항 분석
6	응용SW 분석설계자 (과장/대리)	애플리케이션 리팩토링 인터페이스 설계 기능 모델링 애플리케이션 설계 정적모델 설계 동적모델 설계 소프트웨어공학 활용 소프트웨어개발 방법론 활용
5	응용SW 엔지니어 (사원)	요구사항 확인 데이터 입출력 구현 통합 구현 정보시스템 이행 제품소프트웨어 패키징 서버프로그램 구현 인터페이스 구현 화면설계 애플리케이션 테스트 관리
3	SW 프로그래머 (사원)	애플리케이션 배포 화면구현 애플리케이션 테스트 수행 프로그래밍언어 응용 응용SW 기초 기술 활용
2	SW 프로그램 어시스트 (사원)	프로그래밍 언어 활용 개발자 환경 구축 개발 환경 운영 지원

4. 「IT분야」 NCS 기반 직무기술서 구성

IT 직무는 NCS 홈페이지www.ncs.go.kr의 NCS학습모듈 검색에서 20. 정보통신(대분류), 01. 정보기술(중분류), 01. 정보기술개발(소분류)에서 확인할 수 있다.

직무정의를 살펴보면, IT는 컴퓨터 프로그래밍 언어로 각 업무에 맞는 소프트웨어의 기능에 관한 설계, 구현 및 테스트를 수행하고, 사용자에게 배포하며, 버전관리를 통해 소프트웨어의 성능을 향상시키고, 서비스를 개선하는 일이다.

관련 자격 정보를 살펴보면, 정보관리기술사, 소프트웨어 보안약점 진단원, 웹디자인기능사, 컴퓨터시스템응용기술사, 정보처리기사, 데이터아키텍처전문가, 정보보안산업기사가 있다.

직업 활동 영역을 살펴보면, 소프트웨어 개발업체, IT컨설팅 회사, IT 교육기관, 시스템 통합 및 구축 업체, 기업전산실 등이다.

관련 직업기초능력을 살펴보면, 의사소통능력(경청, 기초외국어, 문서이해, 문서작성, 의사표현), 문제해결능력(문제처리, 사고력), 자기개발능력(경력개발, 자기관리, 자아인식), 대인관계능력(갈등관리, 고객서비스, 리더십, 팀워크, 협상), 정보능력(정보처리, 컴퓨터활용)이 있다.

능력단위 및 정의를 살펴보면, 능력단위란 특정 직무에서 업무를 성공적으로 수행하기 위하여 요구되는 능력을 교육훈련 및 평가가 가능한 기능 단위로 개발한 것으로, 인사 직무의 능력단위와 정의는 다음과 같다.

〈표 59〉「IT분야」 능력단위

능력단위	수준	능력단위 정의
요구사항 확인 (2001020201_19v4)	5	요구사항 확인이란 업무 분석가가 수집·분석·정의한 요구사항과 이에 따른 분석모델에 대해서 확인과 현행 시스템에 대해 분석하는 능력이다.
데이터 입출력 구현 (2001020205_19v5)	5	데이터 입출력 구현이란 응용소프트웨어가 다루어야 하는 데이터 및 이들 간의 연관성, 제약조건을 식별하여 논리적으로 조직화하고, 소프트웨어 아키텍처에 기술된 데이터 저장소에 조직화된 단위의 데이터가 저장될 최적화된 물리적 공간을 구성하고 데이터 조작언어를 이용하여 구현하는 능력이다.
통합 구현 (2001020206_19v5)	5	통합 구현이란 모듈 간의 분산이 이루어진 경우를 포함하여 단위 모듈 간의 데이터 관계를 분석하여 이를 기반으로 한 메커니즘을 통해 모듈 간의 효율적인 연계를 구현하고 검증하는 능력이다.
정보시스템 이행 (2001020208_19v4)	5	정보시스템 이행이란 개발자 환경에서 개발한 결과물을 운영 환경에 설치하고, 사용자 요구사항과 최종적으로 일치하는 지에 대해 승인을 얻어 응용소프트웨어 결과물을 사용자에게 전달하여 인계하고 시스템을 운영할 수 있도록 교육하고 지원하는 능력이다.
제품소프트웨어 패키징 (2001020209_19v5)	5	제품소프트웨어 패키징이란 개발이 완료된 제품소프트웨어를 고객에게 전달하기 위한 형태로 패키징하고, 설치와 사용에 필요한 제반 절차 및 환경 등 전체 내용을 포함하는 매뉴얼을 작성하며, 제품소프트웨어에 대한 패치 개발과 업그레이드를 위해 버전관리를 수행하는 능력이다.
서버프로그램 구현 (2001020211_19v5)	5	서버프로그램 구현이란 애플리케이션 설계를 기반으로 개발에 필요한 환경을 구성하고, 프로그래밍 언어와 도구를 활용하여 공통모듈, 업무프로그램과 배치 프로그램을 구현하는 능력이다.
인터페이스 구현 (2001020212_19v5)	5	인터페이스 구현이란 인터페이스 설계서를 확인하고, 인터페이스 설계서에 따라 기능을 구현하고 검증하는 능력이다.
애플리케이션 배포 (2001020214_19v5)	5	애플리케이션 배포란 애플리케이션 배포 환경을 구성하고, 구현이 완료된 애플리케이션의 소스 검증 및 빌드를 수행하여 운영 환경에 배포하는 능력이다.

능력단위	수준	능력단위 정의
애플리케이션 리팩토링 (2001020217_19v5)	5	애플리케이션 리팩토링이란 소스코드가 수행하는 기능을 유지하면서 코드 가독성 및 잠재적 결함을 제거하도록 코드의 구조를 개선하는 능력이다.
인터페이스 설계 (2001020218_19v5)	6	인터페이스 설계란 응용소프트웨어 개발을 위해 정의된 시스템 인터페이스 요구사항을 확인하고 인터페이스 대상을 식별하여 인터페이스 설계서를 작성하는 능력이다.
애플리케이션 요구사항 분석 (2001020219_19v5)	7	애플리케이션 요구사항 분석이란 구현하고자 하는 애플리케이션의 요구사항을 도출, 분석, 명세화 및 요구사항 검증을 수행하는 능력이다.
기능 모델링 (2001020220_19v2)	6	기능 모델링이란 애플리케이션 요구사항에 의해 도출, 분석된 내용을 애플리케이션의 기능으로 명세화하여 요구사항을 검증하고 소프트웨어 개발 범위를 확정하는 능력이다.
애플리케이션 설계 (2001020221_19v5)	6	애플리케이션 설계란 요구사항 확인을 통한 상세 분석 결과, 소프트웨어 아키텍처 가이드라인 및 소프트웨어 아키텍처 산출물에 의거하여 이에 따른 애플리케이션 구현을 수행하기 위해 공통모듈 설계, 타 시스템 연동에 대하여 상세 설계하는 능력이다.
정적모델 설계 (2001020222_19v5)	6	정적모델 설계란 요구사항 확인을 통한 상세 분석 결과, 소프트웨어 아키텍처 가이드라인 및 소프트웨어 아키텍처 산출물에 의거하여 애플리케이션 구현을 위한 정적모델을 설계하고 검증하는 능력이다.
동적모델 설계 (2001020223_19v5)	6	동적모델 설계란 요구사항 확인을 통한 상세 분석 결과, 소프트웨어 아키텍처 가이드라인 및 소프트웨어 아키텍처 산출물에 의거하여 애플리케이션 구현을 위한 동적모델을 설계하고 검증하는 능력이다.
화면 설계 (2001020224_19v5)	5	화면 설계란 요구사항분석 단계에서 파악된 화면에 대한 요구사항을 소프트웨어 아키텍처 단계에서 정의된 구현지침 및 UI/UX 엔지니어가 제시한 UI 표준과 지침에 따라 화면을 설계하는 능력이다.
화면 구현 (2001020225_19v5)	3	화면 구현이란 UI 요구사항을 확인하여 설계한 UI 설계를 기반으로 화면을 구현하는 능력이다.

능력단위	수준	능력단위 정의
애플리케이션 테스트 관리 (2001020226_19v5)	5	애플리케이션 테스트 관리란 요구사항대로 응용소프트웨어가 구현되었는지를 검증하기 위해서 테스트케이스를 작성하고 개발자 통합 테스트를 수행하여 애플리케이션의 성능을 개선하는 능력이다.
애플리케이션 테스트 수행 (2001020227_19v5)	3	애플리케이션 테스트 수행이란 요구사항대로 응용소프트웨어가 구현되었는지를 검증하기 위해서 분석된 테스트 케이스에 따라 테스트를 수행하고 결함을 조치하는 능력이다.
소프트웨어공학 활용 (2001020228_19v5)	6	소프트웨어공학 활용이란 응용 소프트웨어 개발과 프로세스 적용 활동의 관련된 지식을 소프트웨어의 완전성을 보장하고, 소프트웨어 품질을 평가하기 위해 CASE 도구와 형상관리를 통해 소프트웨어 공학 기술을 적용하는 능력이다.
소프트웨어개발 방법론 활용 (2001020229_19v5)	6	소프트웨어개발방법론 활용이란 응용소프트웨어 특성에 따라 정형화된 개발방법론을 선정하고, 프로젝트 특성에 맞도록 테일러링 하여 응용소프트웨어 개발에 활용하는 능력이다.
프로그래밍 언어 응용 (2001020230_19v4)	3	프로그래밍 언어 응용이란 응용소프트웨어 개발에 사용되는 프로그래밍 언어의 특징과 라이브러리를 활용하여 기본 응용소프트웨어를 구현하는 능력이다.
프로그래밍 언어 활용 (2001020231_19v4)	2	프로그래밍 언어 활용이랑 응용소프트웨어 개발에 사용되는 프로그래밍 언어의 기본 문법을 활용하여 기본 응용소프트웨어를 구현하는 능력이다.
응용SW 기초 기술 활용 (2001020232_19v4)	3	응용SW 기초 기술 활용이란 응용소프트웨어 개발을 위하여 네트워크, 미들웨어, 데이터베이스의 기초 기술을 적용하는 능력이다.
개발자 환경 구축 (2001020233_19v4)	2	개발자 환경 구축이란 응용소프트웨어 개발을 위하여 운영체제의 기초 기술을 적용하여 응용소프트웨어 개발에 필요한 개발자 환경을 구축하는 능력이다.
개발 환경 운영 지원 (2001020234_19v1)	2	개발 환경 운영 지원이랑 응용소프트웨어 개발을 위하여 구축된 개발 환경을 백업·복원하고, 소스코드를 관리하는 능력이다.

관련 지식/기술/태도를 살펴보면, NCS 능력단위의 지식/기술/태도란 산업현장에서 직무를 수행하는 데 필요한 능력으로 인사 직무의 지식/기술/태도는 다음과 같이 구성되어 있다.

〈표 60〉「IT분야」 능력단위의 지식/기술/태도

지식(K)	기술(S)	태도(A)
☐ 비즈니스 도메인 특성 ☐ 자원 추정 기법 ☐ 생산성 측정 기법 ☐ 진척 측정 기법 ☐ 요구사항 검증 기법 ☐ 현행 시스템 파악 기법 ☐ 추적성 확보 방법 ☐ 시스템 기능 가시화 기법 ☐ 요구사항 변경 관리 ☐ 제약조건 기술 기법 ☐ 이해관계자 파악 방법 ☐ 프로젝트 도메인 지식 ☐ 회사 정보 파악 방법 ☐ 위험 관리 프로세스 ☐ 위험 식별 방법 ☐ 위험 관리 방법 ☐ 정성적 위험 분석 기법 ☐ 정량적 위험 분석 기법 ☐ 소프트웨어 구현 기술 파악 방법 ☐ 목표시스템 분석 기법 ☐ 비즈니스 분석 방법론 ☐ 비즈니스 전략 수립 기법 ☐ 시장 분석 방법론 ☐ 프로젝트 환경분석 방법 ☐ IEEE 1471 표준규격 ☐ IT 기술 동향 ☐ 감독기관 정책 동향 및 권고사항 ☐ 소프트웨어 공학 ☐ IT 정책 동향 ☐ 데이터베이스 이해 ☐ 아키텍처 스타일 ☐ 애플리케이션 프레임워크	☐ 프로그래밍 언어 및 도구 활용능력 ☐ 프로그래밍 디버깅 능력 ☐ 코드 검토 능력 ☐ 단위테스트 도구 활용기법 ☐ 프로그래밍 언어 코드 검토 기술 ☐ 성능 측정 도구 활용 능력 ☐ 표준 단어, 용어, 도메인, 코드정의 능력 ☐ 쿼리(Query) 성능 측정 도구활용 능력 ☐ 모델링 기술 ☐ 데이터 연계 및 이관 도구 활용 능력 ☐ 애플리케이션 프레임워크 활용 능력 ☐ 기술영역별 미들웨어 및 솔루션 활용 능력 ☐ 데이터 보안 기술 ☐ 프로그램 디버깅 능력 ☐ 단위테스트 도구 활용 능력 ☐ 데이터 무결성 검증 능력 ☐ 테스트케이스 작성 능력 ☐ 교육성과 분석 능력 ☐ 표준 용어집 작성 능력 ☐ 시스템 운영환경 설치 기술 ☐ 애플리케이션 설치 기술	☐ 사용자 요구사항을 적극 수용하려는 태도 ☐ 기술 관련 각종 정보 수집에 대한 적극성 ☐ 용어정의의 정확성과 완전성을 기하고자 하는 의지 ☐ 시스템에 대한 정확성과 이해의 완전성을 갖고자 하는 태도 ☐ 시스템과 개발 소프트웨어와의 관계를 파악하려는 태도 ☐ 요구사항의 정확성과 완전성을 확보하려는 자세 ☐ 정확한 유스케이스를 이해하고 분석하려는 자세 ☐ 검증할 항목 분석을 위한 치밀한 태도 ☐ 책임감 및 검증에 대한 완벽함을 추구하는 태도 ☐ 고객의 요청을 수용하고자 하는 태도 ☐ 요구사항을 정확하게 기술하려는 자세 ☐ 비즈니스의 내용을 정확히 반영하는 프로세스 모델을 만드려는 치밀한 자세 ☐ 요구사항의 명확성을 찾으려는 자세 ☐ 정확성과 완전성을 기하고자 하는 의지 ☐ 산출물 완성도를 위한 적극적인 태도 ☐ 기술 및 제품에 대한 정보 수집과 학습에 대한 적극성 ☐ 자신이 수행한 작업에 대한 평가의 객관성

5. 「IT분야」 직무기술서 예시

한국수력원자력에서 「정보기술기획」, 「응용SW엔지니어링」, 「IT 시그템관리」분야 채용 시 제시한 직무기술서 예시는 다음과 같다.

[그림 66] 「IT분야」 한국수력원자력 직무기술서 예시

채용분야	전산	대분류	20.정보통신		
		중분류	01.정보기술		
		소분류	01.정보기술 전략기획	02.정보기술개발	03.정보기술운영
		세분류	03.정보기술 기획	02.응용SW엔지니어링	01.IT시스템관리
주요사업					
능력단위	○ (정보기술 기획) 05.정보기술 모형 설계 07.정보기술 운영정책 수립 09.실행 계획 수립 ○ (응용SW엔지니어링) 15.프로그래밍 언어 활용 16.응용 SW 기초 기술 활용 ○ (IT시스템관리) 03.IT시스템 통합운영관리 09.IT시스템 통합운영안정성관리				
직무수행 내용	○ (정보기술 기획) 조직의 경영목표를 달성하기 위하여 비즈니스와 정보기술 환경을 분석하여 정보기술 운영전략과 비용계획을 수립한 후 이를 바탕으로 정보기술 운영 모형과 아키텍처를 설계하고 정보기술 운영정책을 마련하여 원활한 인적물적 자원계획과 실행계획을 수립하고 투자성과를 분석하는 일 ○ (응용SW엔지니어링) 컴퓨터 프로그래밍 언어로 각 업무에 맞는 소프트웨어의 기능에 관한 설계, 구현 및 테스트를 수행하고, 사용자에게 배포하며, 버전관리를 통해 성능을 향상시키고, 서비스를 개선하는 일 ○ (IT시스템관리) 시스템을 안정적이고 효율적으로 운영하고 관리하기 위하여 하드웨어 및 소프트웨어의 지속적 점검과 모니터링을 통해 제시된 재반 문제점들을 분석하여 사전 예방활동 및 발생된 문제에 대해 적절한 조치를 수행하는 일				
필요지식	○ (정보기술 기획) 요구 분석 개념, 응용, 데이터, 기술, 보안과 운영 전문 지식, 전문 분야별 정보기술 개념도와 모형, 성과측정을 위한 BSC와 KPI, 정보기술 서비스 정책 개념, 업무 연속성 계획(BCP) 수립을 위한 복구목표시간(RTO)과 복구목표시점(RPO), 보안의 3개 목표인 기밀성, 무결성, 가용성 개념, 산업기밀의 유출방지 및 보호에 관한 법률, NIS 산업기밀보호센터 국가핵심지식, 조직의 핵심역량 분석 이론, CRLO 연산에 대한 이해, 아웃소싱과 일부 아웃소싱 방법론, 인수, Joint Venture 등 아웃소싱 유형 지식, 소프트웨어 개발방법론, CMMI(Capability Maturity Model Integration), 정보시스템 감리 점검 프레임워크, 정보시스템 단계별 감리 수행 기준 및 가이드, WBS(Work breakdown Structure) 개념 ○ (응용SW엔지니어링) 프로그래밍 언어 기본 문법, 객체지향 프로그래밍 언어, 라이브러리 적용을 위한 기술(파일입출력, 데이터입출력, 예외 처리 등)에 대한 이해, 각 운영체제 특징에 대한 이해, Windows 운영체제 기본 명령어, 리눅스 / 유닉스 계열 운영체제 기본 명령어, 메모리 관리 기법의 이해, 프로세스 스케쥴링 기법의 이해, 무결성 재약조건의 이해, 테이블 선언 및 조작어 DBMS 각 유형별 특징, CRLO 연산에 대한 이해, 인터넷 구성의 개념, 프로토콜 개념, IP 주소 체계, 트랜스포트 방식 개념, 네트워크 7계층의 개념, 버전관리 시스템 구축, 운영체제 설치 및 제거 방법, 라이브러리 및 필요 패키지 설치 방법, 필요 응용 소프트웨어에 대한 이해, 사용자의 프로그램 실행 환경에 대한 이해 ○ (IT시스템관리) 시스템테스크의 최근 동향, ITIL(Information Technology Infrastructure Library)개념, 모든 제품, 하드웨어, 소프트웨어 정보에 관한 지식, 주변 시스템과의 통합 방법, 운영 프로세스 전문 컨설팅 개념, 서비스 환경 및 조직에 대한 전반적인 개념, 조직구성 및 서비스 사용자 관계에 대한 개념				
필요기술	○ (정보기술 기획) 국내외 정보기술 트렌드 분석 능력, 하드웨어와 소프트웨어의 분석 능력, 기업 응용, 데이터, 기술 보안과 운영 기술, 정보기술 조직 특성과 유형, 엔터프라이즈 시스템(CRM, ERP, SCM, PLM) 이해 능력, 성과 관리 시스템(BSC, SEM) 운영기술, Cross Functional 프로세스 분석 능력, 보상 및 패널티 설정 능력, 서비스 레벨 기준치 조정 기술, 기획 인원의 보안문제를 고려한 직무의 분리와 직무순환 방법, 정보사고 대응 위기관리 기술, Due Care와 Due Diligence, 프로젝트 관리 계획서 작성 기술 ○ (응용SW엔지니어링) 발견사항들 간 연간 관계 분석, 통합 및 조정 능력, 각 운영체제에 맞는 응용프로그램 선택 능력, 설계 모델링 기술, 릴레이션 작성 기술, E·R 다이어그램 작성 기술, 테이블 제작 및 관리 언어 활용 능력, 개발환경에 인터넷 구축 기술, WINDOWS/UNIX/LINUX 인터넷 설정변경 기술, 개발에 필요한 프로그래밍 언어 선택 능력, 라이브러리 및 필요 패키지 선택 및 활용 능력, 개발 TOOL에 맞는 운영체제 선택 능력, 개발 TOOL 사용 능력 ○ (IT시스템관리) 적극적인 경청 및 문의 능력, 시급을 논하는 작업에 대한 스트레스 관리 능력, 서비스데스크 성과 분석 리포팅 시스템 활용 능력				
직무수행 태도	○ (정보기술 기획) 경영 현황과 특성 분석 위한 분석적 태도, 다양한 이해관계자가 참석하여 합의에 도달하려는 노력, 정보기술 관련된 최근 동향을 공유 노력, 단기 채방에 머물지 않고 5 why를 통해 근본 원인을 찾아 해결하려는 태도, 낭비를 제거하려는 노력, 불필요한 업무를 제거하려는 노력, 업무 프로세스의 변화에 저항하지 않고 수용, 서비스의 연속성과 고객 만족도에 대하여 고려하는 서비스 지향적 태도, 영업비밀인 기획안을 외부에 유출하지 않고 보호하려는 태도, 투자 우선순위를 결정시 객관적으로 평가하려는 노력, 의사소통을 신속하고 투명하게 하려는 태도, 추진 대상 정보시스템 구축 목적 및 목표를 달성하고자 하는 적극적, 긍정적 자세, 전략적 사고 유지, 이해당사자의 요구사항을 파악하고자하는 적극적인 대응, 공통용어에 대한 정확성과 일관성 유지 의지 ○ (응용SW엔지니어링) 개발 수행에 요구되는 표준 절차를 준수하려는 태도, 상황에 맞게 데이터베이스를 작성하고 변경하려는 능동적인 태도, 적극적이고 세밀히 각 단계를 분석하는 자세 ○ (IT시스템관리) 현재 시스템 수준에 대한 개선 의지, 자료 수집 및 정리를 체계적으로 수행하려는 의지, 조직구성 및 서비스와 서비스 사용자 관계에 대한 폭넓은 이해 노력, 시스템의 안정적 운용을 위한 강한 의식, 객관적이고 종합적으로 사고하려는 태도, 고객 중심적 사고와 행동 의지, 업무목표를 정확하게 이해하려는 노력, 팀원과 같이 활동하려는 노력				
직업기초 능력	의사소통능력, 수리능력, 문제해결능력, 자원관리능력, 정보능력				
참고	www.ncs.go.kr				

6. 「IT분야」 자기소개서 문항

① 지원 동기 : 우리 회사와 해당 직무 분야를 지원한 동기가 무엇인가요?

지원 동기를 작성하는 원칙은 첫째, 회사 지원 동기는 간단하게 사업 내용에 대한 이해, 하고 싶은 일, 자신이 생각하는 비전을 중심으로 간단하게 작성한다. 둘째, 희망 직무의 선택 이유에서 직무의 부합도와 적성을 강조한다. 셋째, 입사 후 포부 등을 직무 노력을 기반으로 확장성 있게 작성한다. 넷째, 직무 관련 전공 지식 및 지원 기업의 비전, 핵심 가치 등에 대한 이해를 표현한다. 다섯째, 직무와 밀접하게 관련되는 능력단위, 직업기초능력 등을 활용하여 직무에 대한 이해도를 강조한다.
「IT분야」직무에 지원한 동기 작성한 예시는 다음과 같다.

「IT분야」 직무 지원자의 "지원 동기" 작성한 예시

데이터 분석을 공부하면서 사람의 행동을 데이터化 하는 것에 큰 관심을 가지게 되었습니다. 특히, 그 결과를 다차원적으로 분석하며 의미를 찾아내는 과정이 즐거웠습니다.

개인적인 흥미에서 시작했지만, 고객의 데이터를 실시간으로 수집하고 그 데이터를 분석한 결과가 기업의 의사결정에 활용되는 데이터 분석 및 프로그래밍 업무에 자연스럽게 관심을 가지게 되었습니다. 그리고 학부 시절 업무 경험을 쌓기 위해 지원했던 인턴십을 통해 OOO 기업의 데이터 수집, 처리, 프로그래밍과 관련한 실무를 현장에서 직접 체험할 수 있었습니다. 데이터를 논리적으로 구조화하고 데이터저장소를 설계하는 것은 쉽지 않았지만 소중한 경험이었다고 생각합니다. 이러한 경험을 바탕으로 OOO 기업의 응용 소프트웨어 개발 업무에 최적화된 인재가 되도록 노력하겠습니다.

〈표 61〉「IT분야」 직무의 "지원 동기" 작성 시 활용한 능력단위

능력단위	능력단위 정의
데이터 입출력 구현 (2001020205_19v5)	데이터 입출력 구현이란 응용소프트웨어가 다루어야 하는 데이터 및 이들 간의 연관성, 제약조건을 식별하여 논리적으로 조직화하고, 소프트웨어 아키텍처에 기술된 데이터저장소에 조직화된 단위의 데이터가 저장될 최적화된 물리적 공간을 구성하고 데이터 조작 언어를 이용하여 구현하는 능력이다.

② 직무 경험 : 동아리, 학과, 회사 등에서 지원 직무와 관련된 경험이 있다면 기술해 주세요.

직무 경험을 작성하는 원칙은 첫째, 동아리, 학과, 회사에서의 직무 관련 경험을 탐색한다. 둘째, 해당 업무(경험)에서 본인이 담당했던 일이 지원한 직무와 어떤 연관성이 있는지 나타나도록 기술한다. 셋째, 해당 업무(경험)를 통해 느낀 점을 구체적으로 기술한다. 넷째, 지원 직무와 관련 경험을 구체적으로 제시하고 해당 경험이 직무 수행 시 어떻게 발휘될 수 있는지를 중심으로 기술한다. 다섯째, 직무와 밀접하게 관련되는 능력단위, 직업기초능력 등을 활용하여 직무에 대한 이해도를 강조한다.

「IT분야」 직무 지원자의 "직무 경험" 작성한 예시

> 저는 데이터 분석 절차를 논리적으로 설계하고 그 분석 결과에서 인사이트를 얻는 과정에 흥미를 가지고 의미를 도출하는 과정에서 뿌듯함을 느낍니다. 데이터 분석가로서 전문성을 기르기 위해 저는 분석의 예시를 보며, 자료에 접근하고 결과를 해석하는 다양한 방법을 익혀 직접 프로젝트를 진행해 보았습니다.

> 기억에 남는 프로젝트는 전공 수업에서 진행했던 제품 성능에 따른 수요예측 프로젝트였습니다. 해당 프로젝트의 핵심 과제는 다양한 브랜드의 냉장고 모델 성능을 Random Forest(랜덤 포레스트) 알고리즘을 활용하여 비교하고 수요 예측 모델을 만드는 것입니다. 프로젝트를 진행하는 과정에서, 응답자별로 모델별 수요가 있는 정도를 나타내는 변수를 생성해야 했습니다. 이를 위해 트리 모형과 로지스틱 회귀, 연관성 분석 등 다양한 방법을 활용하였고 수요를 예측할 수 있는 데이터를 얻을 수 있었습니다.

〈표 62〉「IT분야」직무의 "직무 경험" 작성 시 활용한 능력단위

능력단위	능력단위 정의
정보능력	업무와 관련된 정보를 수집하고, 이를 분석하여 의미 있는 정보를 찾아내며, 의미 있는 정보를 업무 수행에 적절하도록 조직하고, 조직된 정보를 관리하며, 업무 수행에 이러한 정보를 활용하고, 이러한 제 과정에 컴퓨터를 사용하는 능력

③ 문제해결 : 해결하기 어려웠던 문제를 해결한 경험이 있다면 기술해 주세요.

문제해결을 작성하는 원칙은 첫째, 당면했던 문제가 무엇인지 구체적인 상황과 함께 기술한다. 둘째, 왜 그것이 문제라고 생각했는지에 대해서도 기술(원인 분석)한다. 셋째, 원인 분석→대안 제시→원인 규명을 위한 구체적 노력이나 행동 순으로 기술한다. 넷째, 결과와 배운 점 등을 중심으로 기술한다. 다섯째, 자신의 장점을 부각시킬 수 있는 문제상황을 선택하고, 장점을 살려 문제를 극복한 경험을 중심으로 기술한다. 여섯째, 직무와 밀접하게 관련되는 능력단위, 직업기초능력 등을 활용하여 직무에 대한 이해도를 강조한다.

「IT분야」 직무 지원자의 "문제해결" 작성한 예시

> 졸업 과제로 "스마트 도어락" 개발을 진행했습니다. 팀을 구성하여 어플리케이션, 아두이노, 서버, DB 등을 나누어 맡았고 보안 등급에 따른 도어락 잠금 해제 기능 완성을 목표로 진행하였습니다.
> 저는 어플리케이션 설계를 담당했는데 해당 프로그램을 처음 써보는 것이어서 어려움이 있었습니다. 사용법을 서치해보고 경험이 있는 친구에게 물어보며 공부했습니다. 사용 방법을 학습한 이후에는 OO과의 거리를 측정하고 사용자 정보를 판단하여 아두이노를 활용해 잠금 해제 신호를 보내는 기능을 구현했습니다.
> 그런데 기능이 정상 작동하는지 확인하는 과정에서 거리를 짧게 설정할 경우 문이 열리기 전에 문 앞에 도달하는 문제가 발생했습니다. 이를 해결하기 위해 모든 팀원들이 각자 담당한 분야를 조정하는 다양한 Case 테스트를 진행하였고 최적 거리를 찾아 설정을 변경하였습니다. 팀원들이 맡은 부분에 대해 책임감 있게 수정에 임해줬기 때문에 성공할 수 있었다고 생각합니다.

〈표 63〉「IT분야」 직무의 "문제해결" 작성 시 활용한 능력단위

능력단위	능력단위 정의
애플리케이션 테스트 수행 (2001020227_19v5)	애플리케이션 테스트 수행이란 요구사항대로 응용소프트웨어가 구현되었는지를 검증하기 위해서 분석된 테스트 케이스에 따라 테스트를 수행하고 결함을 조치하는 능력이다.

7. 「IT분야」 NCS 기반 면접 질문 및 답변 예시

프로그램을 개발해 본 적이 있습니까? 본인이 만들어 본 프로그램 중에 가장 복잡한 데이터베이스 구조도와 테이블에 대해 설명해 주세요.

질문 의도는 첫째, IT 직무의 능력단위 중 데이터입출력구현에 대해 이해하고 있는지를 확인하는 것이고, 둘째, 지원 분야의 기술 동향에 대한 파악 정도와 관련하여 어떤 학습 경험을 했는지 확인하기 위한 것이다.

「IT분야」 직무 지원자의 "NCS 기반 면접 질문" 답변한 예시

> 저는 C, C++, Java, Python 등의 다양한 언어를 다루어 봤으며, 주로 C를 사용하였습니다. 고성능 DB 시스템은 이미 많은 상용화가 되어 있기 때문에, 저 사양 및 임베디드 시스템에서 효율적인 관리를 위한 데이터 타입별 분류(스키마 모델링)을 통해 DB 저장 단계에서 분류 Index(키시스템)을 적용할 수 있도록 생성하는 제품분류 DB를 생성해 보았습니다.
> 제품은 전자부품으로 1000개의 제품을 100회 이상 랜덤반복 검색 시 최적의 시간을 찾을 수 있도록 Index(키시스템)을 구축해 봤습니다. 보통 전자제품의 명칭은 중복성 및 반복성을 가지고 있기 때문에 저장단계에서 DB의 분류별로 Indexing하고 원본 대신 Index를 저장하여 Size를 줄이고 Index별로 저장소를 분리하여 검색하고 DB Size에 메인 필드의 DB값을 Sort하고 50개 단위로 구분점을 두어 검색하고 추가할 수 있도록 하여 속도를 개선했습니다.

〈표 64〉「IT분야」 직무의 "NCS기반 면접 질문" 에 대한 답변 시 활용한 능력단위

능력단위	능력단위 정의
데이터 입출력 구현 (2001020205_19v5)	데이터 입출력 구현이란 응용소프트웨어가 다루어야 하는 데이터 및 이들 간의 연관성, 제약조건을 식별하여 논리적으로 조직화하고, 소프트웨어 아키텍처에 기술된 데이터저장소에 조직화된 단위의 데이터가 저장될 최적화된 물리적 공간을 구성하고 데이터 조작 언어를 이용하여 구현하는 능력이다.

부록

부록 1 - 〈표 27〉 직업기초능력 영역

대영역 (10)	하위영역(34)		능력요소 (100)
	영역	정의	
의사 소통 능력	문서이해 능력	복잡하고 다양한 문서를 읽고, 그 내용을 이해하여 요점을 파악하는 능력	• 문서 정보 확인 획득 • 문서 정보 이해 및 수집 • 문서 정보 평가
	문서작성 능력	업무를 수행하는 데 자기가 뜻한 바를 글로 나타내는 능력	• 작성 문서의 정보 확인 및 조직 • 목적과 상황에 맞는 문서 작성 • 작성한 문서 교정 및 평가
	경청능력	업무를 수행하는 데 다른 사람의 말을 듣고 그 내용을 이해하는 능력	• 음성정보와 매체 정보 듣기 • 음성정보와 매체 정보 내용 이해 • 음성정보와 매체
	의사표현 능력	업무를 수행하는 데 자기가 뜻한 바를 말로 나타내는 능력	• 목적과 상황에 맞는 정보조직 • 목적과 상황에 맞게 전달 • 대화에 대한 피드백과 평가
	기초외국어 능력	업무를 수행하는 데 외국어로 의사소통할 수 있는 능력	• 외국어 듣기 • 일상생활의 회화 활용
수리 능력	기초연산 능력	업무 상황에서 필요한 기초적인 사칙연산과 계산 방법을 이해하고 활용하는 능력	• 과제 해결을 위한 연산 방법 선택 • 연산 방법에 따라 연산 수행 • 연산 결과와 방법에 대한 평가
	기초통계 능력	업무를 수행함에 있어 필요한 기초 수준의 백분율, 평균, 확률과 같은 통계 능력	• 과제 해결을 위한 통계 기법 선택 • 통계 기법에 따라 연산 수행 • 통계 결과와 기법에 대한 평
	도표분석 능력	업무를 수행함에 있어 도표(그림, 표, 그래프 등)가 갖는 의미를 해석하는 능력	• 도표에서 제시된 정보 인식 • 정보의 적절한 해석 • 해석한 정보의 업무 적용
	도표작성 능력	업무를 수행함에 있어 자기가 뜻한 바를 말로 나타내는 능력	• 도표 제시방법 선택 • 도표를 이용한 정보 제시 • 제시 결과 평가

대영역 (10)	하위영역(34)		능력요소 (100)
	영역	정의	
문제 해결 능력	사고력	업무와 관련된 문제를 인식하고 해결함에 있어 창조적, 논리적, 비판적으로 생각하는 능력	• 창의적 사고 • 논리적 사고 • 비판적 사고
	문제처리	업무와 관련된 문제의 특성을 파악하고, 대안을 제시, 적용하고 그 결과를 평가하여 피드백하는 능력	• 문제 인식 • 대안 선택 • 대안 적용 • 대안 평가
자기 개발 능력	자아인식 능력	자신의 흥미, 적성, 특성 등을 이해하고, 이를 바탕으로 자신에게 필요한 것을 이해하는 능력	• 자기 이해 • 자신의 능력 표현 • 자신의 능력 발휘 방법 인식
	자기관리 능력	업무에 필요한 자질을 지닐 수 있도록 스스로를 관리하는 능력	• 개인의 목표 정립(동기화) 자기통제 • 자기관리 규칙의 주도적인 실천
	경력개발 능력	끊임없는 자기 계발을 위해서 동기를 갖고 학습하는 능력	• 삶과 직업 세계에 대한 이해 • 경력개발 계획 수립 • 경력전략의 개발 및 실행
자원 관리 능력	시간관리 능력	업무 수행에 필요한 시간 자원이 얼마나 필요한지를 확인하고, 이용 가능한 시간 자원을 최대한 수집하여 실제 업무에 어떻게 활용할 것인지를 계획하고 할당하는 능력	• 시간 자원 확인 • 시간 자원 확보 • 시간 자원 활용 계획 수립 • 시간 자원 할당
	예산관리 능력	업무 수행에 필요한 자본자원이 얼마나 필요한지를 확인하고, 이용 가능한 자본자원을 최대한 수집하여 실제 업무에 어떻게 활용할 것인지를 계획하고 할당하는 능력	• 예산 확인 • 예산 할당
	물적자원 관리능력	업무 수행에 필요한 재료 및 시설 자원이 얼마나 필요한지를 확인하고, 이용 가능한 재료 및 시설 자원을 최대한 수집하여 실제 업무에 어떻게 활용할 것인지를 계획하고 할당하는 능력	• 물적 자원 확인 • 물적 자원 할당
	인적자원 관리능력	업무 수행에 필요한 인적자원이 얼마나 필요한지를 확인하고, 이용 가능한 인적자원을 최대한 수집하여 실제 업무에 어떻게 활용할 것인지를 계획하고, 할당하는 능력	• 인적자원 확인 • 인적자원 할당

대영역 (10)	하위영역(34)		능력요소 (100)
	영역	정의	
대인 관계 능력	팀웍능력	다양한 배경을 가진 사람들과 함께 업무를 수행하는 능력	• 적극적 참여 • 업무 공유 • 팀 구성원으로서의 책임감
	리더십 능력	업무를 수행함에 있어 다른 사람을 이끄는 능력	• 동기화시키기 • 논리적인 의견 표현 • 신뢰감 구축
	갈등관리 능력	업무를 수행함에 있어 관련된 사람들 사이에 갈등이 발생하였을 경우 이를 원만히 조절하는 능력	• 타인의 생각 및 감정 이해 • 타인에 대한 배려 • 피드백 제공 및 받기
	협상능력	업무를 수행함에 있어 다른 사람과 협상하는 능력	• 다양한 의견 수렴 • 협상 가능한 실질적 목표 구축 • 최선의 타협 방법 찾기
	고객서비스 능력	고객의 요구를 만족시키는 자세로 업무를 수행하는 능력	• 고객의 불만 및 욕구 이해 • 매너 있고 신뢰감 있는 대화법 • 고객 불만에 대한 해결책 제공
정보 능력	컴퓨터활용 능력	업무와 관련된 정보를 수집,분석, 조직, 관리, 활용하는 데 있어 컴퓨터를 사용하는 능력	• 컴퓨터 이론 • 인터넷 사용 • 소프트웨어 사용
	정보처리 능력	업무와 관련된 정보를 수집하고, 이를 분석하여 의미 있는 정보를 찾아내며, 의미 있는 정보를 업무 수행에 적절하도록 조직하고, 조직된 정보를 관리하며, 업무 수행에 이러한 정보를 활용하는 능력	• 정보 수집 • 정보 분석 • 정보 관리 • 정보 활용
기술 능력	기술이해 능력	업무에 수행에 필요한 기술적 원리를 올바르게 이해하는 능력	• 기술의 원리와 절차 이해 • 기술 활용 결과 예측 • 활용 가능한 자원 및 여건 이해
	기술선택 능력	도구, 장치를 포함하여 업무 수행에 필요한 기술을 선택하는 능력	• 기술 비교, 검토 • 최적의 기술 선택
	기술적용 능력	업무 수행에 필요한 기술을 업무 수행에 실제로 적용하는 능력	• 기술의 효과적 활용 • 기술 적용 결과 평가 • 기술 유지와 조정

대영역 (10)	하위영역(34)		능력요소 (100)
	영역	정의	
조직 이해 능력	국제 감각	주어진 업무에 관한 국제적인 추세를 이해하는 능력	• 국제적인 동향 이해 • 국제적인 시각으로 업무 추진 • 국제적 상황 변화에 대처
	조직 체제 이해능력	업무 수행과 관련하여 조직의 체제를 올바르게 이해하는 능력	• 조직의 w구조 이해 • 조직의 규칙과 절차 파악 • 조직 간의 관계 이해
	경영이해 능력	사업이나 조직의 경영에 대해 이해하는 능력	• 조직의 방향성 예측 • 경영조정(조직의 방향성을 바로 잡기에 필요한 행위 하기) • 생산성 향상 방법
	업무이해 능력	조직의 업무를 이해하는 능력	• 업무의 우선순위 파악 • 업무 활동 조직 및 계획 • 업무 수행의 결과 평가
직업 윤리	근로 윤리	업무에 대한 존중을 바탕으로 근면하고 성실하고 정직하게 업무에 임하는 자세	• 근면성 • 정직성 • 성실
	공동체 윤리	인간 존중을 바탕으로 봉사하며, 책임 있고, 규칙을 준수하며 예의 바른 태도로 업무에 임하는 자세	• 봉사 정신 • 책임 의식 • 준법성 • 직장 예절

부록 2 - 〈표 28〉 직업기초능력 영역별 면접 질문 및 평가 기준

영역		질문	평가 기준
A. 의사소통능력	의사표현능력 (업무를 수행함에 있어 자기가 뜻한 바를 말로 나타내는 능력)	불만을 이야기한 고객에게 본인이 직접 소통하여 해결한 경험을 말해 주세요	• 문제의 원인이 무엇인지 명확하게 파악하고 있는가? • 자신과 견해가 다른 상대방의 의견을 수용하고 존중하는가? • 상대방의 이야기를 듣고 종합·요약하는 능력이 있는가? • 상대방이 이해하기 쉽게 의사를 표현하는 능력이 있는가 • 문제해결을 위해 논리적으로 사고하고 판단하는가?
		자신의 생각을 다른 사람에게 효과적으로 설득시킨 경험을 말해 보세요	• 자신과 견해가 다른 상대방의 의견을 수용하고 존중하는가? • 자신의 의견을 명확하고 설득력 있게 표현, 전달하는가? • 감정이 아닌 이성적 주장을 논리적으로 제시하는가? • 조직의 의사소통 역량과 부합하는가?
		상사와 의견이 다를 때 어떻게 하겠습니까?	• 견해가 다른 상대방의 의견을 공감하고 존중하는가? • 상대방의 의도를 정확히 파악하고 논리적으로 표현하는 능력이 있는가? • 직장생활에 필요한 비즈니스 예절을 갖추고 있는가? • 조직의 절차와 체계에 순응하는 성향을 지녔는가?
		다른 사람과 의사소통할 때 가장 중요한 것은 무엇이라고 생각하시나요?	• 상대방 의견을 적극적이고 공감적으로 경청하여 논점과 요지를 정확히 이해하는가? • 자신의 의사를 명확히 전달하여 상대방을 이해시키는가? • 적절한 사례로 핵심(강점)을 뒷받침하는가? • 조직의 의사소통 역량과 부합하는가?
		어떤 사람 대상으로 자신의 의견을 말하고, 공감을 이끌어냈던 경험을 말해 주세요	• 자신과 견해가 다른 상대방의 의견을 공감하고 존중하는가? • 상대방의 의도를 정확히 파악하고 이해하기 쉽게 의사를 표현하는 능력이 있는가? • 공감을 이끌어내는 과정과 근거가 명확한가? • 타인의 공감을 얻을 수 있는 참신한 방법을 제시하였는가?

영역	질문	평가 기준
	단체생활에서 의사소통이 어려웠던 경험을 말해보세요. 어떻게 극복하였나요?	• 문제의 원인이 무엇인지 명확하게 파악하고 있는가? • 문제해결을 위해 논리적으로 사고하고 판단하는가? • 자신과 견해가 다른 상대방의 의견을 수용하고 존중하는가? • 잘못된 점을 인지하고, 극복하기 위한 노력을 하였는가? • 조직의 의사소통역량과 부합하는가?
경청능력 (업무를 수행함에 있어 다른 사람의 말을 듣고, 의도를 정확하게 파악하는 능력)	다른 사람의 말을 끝까지 경청하여 좋은 결과를 얻었던 경험을 말해 보세요	• 경청의 자세, 올바른 언어의 사용, 공감을 형성하는 태도를 가지고 있는가? • 상대방의 이야기를 듣고 종합·요약하는 능력이 있는가? • 상대방의 의도를 정확히 파악하여 이해하고 행동하는가? • 직무역량과 관련된 의사소통능력이 있는가?
	평소 상대의 이야기를 들을 때 어떤 것을 가장 중요하게 생각하는가요?	• 경청의 자세, 올바른 언어의 사용, 공감을 형성하는 태도를 가지고 있는가? • 상대방의 의도를 정확히 파악하고 이해하는 능력이 있는가? • 자신의 중요가치가 조직의 인재상과 부합하는가?
문서작성능력 (업무를 수행함에 있어 머릿속으로 구상하고 있는 것을 다른 사람에게 효과적으로 문서나 글로 나타내는 능력)	글 또는 문서로 다른 사람을 설득시킨 경험이 있나요? 어떤 점이 가장 힘들었나요?	• 글과 문서를 이해하고 요약하는 능력이 있는가? • 상대방의 관점에서 효과적인 글이나 문서였는가? • 자신의 의견을 명확하고 설득력 있게 표현, 전달하는가? • 글과 문서를 논리적으로 작성하는 능력이 있는가?
문서이해능력 (업무를 수행함에 있어 다른 사람이 작성한 글을 읽고 그 내용을 이해하는 능력)	최근에 읽은 책은 무엇입니까? 내용을 간략하고 요약하고	• 읽은 내용을 이해하기 쉽도록 종합, 요약하였는가? • 자신의 관심 분야와 가치관이 잘 드러나는 책인가? • 책을 선택한 목적과 느낀 점, 배운 점 등이 조직이 추구하는 인재상과 부합하는가?

영역		질문	평가 기준
	기초외국어능력 (업무를 수행함에 있어 외국어로 의사소통할 수 있는 능력)	자신의 영어 실력(어학실력)은 어느 정도입니까?	• 자신감 있게 외국어로 자신의 의사를 표현하고 있는가? • 외국어로 자기가 뜻한 바를 말과 문서로 전달할 수 있는가? • 국제화, 세계화 경영환경에 적응할 수 있는 국제적 감각과 국제무대에서 의사소통이 가능한 능력인가? • 조직에 적합한 어학 능력 수준인가?
B. 수리 능력	기초연산능력, 기초통계능력 (업무를 수행함에 있어 필요한 기초 수준의 계산능력과 백분율, 평균, 확률과 같은 통계 능력)	통계적 개념을 활용하여 자료를 발표하거나 분석한 경험을 말해 주세요	• 업무 수행에 필요한 연산, 통계 기본지식이 있는가? • 업무 수행에 필요한 기술(통계 툴)을 활용할 수 있는가? • 통계기법을 활용하여 결과를 검토하는 능력이 있는가? • (직무 적합성) 직무에 적용할 수 있는 능력인가?
		정확한 분석력을 바탕으로 문제상황을 효과적으로 해결했던 경험을 말해 주세요	• 업무 수행에 필요한 연산, 통계 기본지식이 있는가? • 업무 수행에 필요한 기술(통계 툴)을 활용할 수 있는가? • 문제해결을 위해 수리적 분석력을 발휘했던 경험인가? • 통계기법을 활용하여 결과를 검토하는 능력이 있는가? • (직무 적합성)직무에 적용할 수 있는 능력인가?
		문제해결과정에서 수학적 사고와 기법을 선택하여 결과물을 창출한 경험에 대해 말해 주세요	• 업무 수행에 필요한 연산, 통계 기본지식이 있는가? • 업무 수행에 필요한 기술(통계 툴)을 활용할 수 있는가? • 통계기법을 활용하여 결과를 검토하는 능력이 있는가? • 문제해결을 위해 수리적 분석력을 발휘했던 경험인가? • (직무 적합성) 직무에 적용할 수 있는 능력인가?
	도표작성능력, 도표분석능력 (업무를 수행함에 있어 도표(그림, 표, 그래프 등)가 갖는 의미를 해석하는 능력	효과적인 전달이나 이해를 향상시키기 위해서 도표나 그래프를 활용한 경험을 말해 보세요	• 업무 수행에 필요한 다양한 도표를 이해하고 의미를 해석하는 능력이 있는가? • 업무 수행에 필요한 기술(통계 툴)을 활용할 수 있는가? • 다양한 도표를 사용하여 설득한 구체적 경험이 있는가? • (직무 적합성) 직무에 적용할 수 있는 능력인가?

영역		질문	평가 기준
C. 문제해결능력	사고력 (업무와 관련된 문제를 인식하고 해결함에 있어 창조적, 논리적, 비판적으로 생각하는 능력)	남들과 다른 생각(아이디어)으로 문제를 개선했거나 해결한 경험을 말해 보세요	• 문제를 해결하기 위해 창의적, 논리적, 비판적으로 생각하였는가? • 다양한 아이디어를 제안하고 새로운 방법의 적용을 시도하는가? • 타인의 공감을 얻을 수 있는 참신한 방법인가? • 문제해결을 위해 책임감을 가지고 솔선수범하는가?
	문제처리능력 (업무와 관련된 문제의 특성을 파악하고, 대안을 제시, 적용하고 그 결과를 평가하여 피드백하는 능력)	자신이 속한 조직에서 발생한 문제를 주도적으로 해결한 경험이 있다면 말해 주세요	• 문제해결을 위해 창의적, 논리적, 비판적으로 생각하는가? • 조직의 내·외부적인 환경 요인을 객관적으로 분석하는가? • 문제의 원인을 정확하게 파악하고 대안을 탐색하는가? • 공동의 이익을 위해 참신하고 효율적인 해결책을 제시하는가? • 어려운 상황에 직면했을 때, 끈기, 근성으로 문제를 해결할 수 있는 능력을 가지고 있는가?
		프로젝트나 팀 과제 등 다양한 사람들이 관여된 상황에서 발생한 문제를 중재한 경험이 있다면 말해 주세요	• 문제의 원인을 정확하게 파악하고 합리적인 대안을 제시하는가? • 문제를 해결하기 위한 다수의 대안을 탐색하는가? • 다양한 상황에 유연하고, 탄력적으로 대응하는가? • 조직 내 발생할 다양한 상황에 대한 대처 능력이 있는가?
		문제를 해결하는 과정에서 가장 중요하게 생각하는 점은 무엇입니까?	• 발생(가능)한 문제의 유형을 구분하는 능력이 있는가? • 문제해결에 필요한 기본적 사고능력이 있는가? • 문제해결의 의미에 대해 명확한 설명을 할 수 있는가? • 환경에 따른 탄력적이고 유연한 사고를 하는가? • 어려운 상황에 직면했을 때, 끈기·근성으로 문제를 해결할 수 있는 역량을 가지고 있는가?

영역	질문	평가 기준
	나의 능력으로 해결할 수 없는 범주나 성격의 문제를 해결한 경험이 있나요?	• 예상치 못한 문제에 대해서 침착하고 담대하게 대응했는가? • 문제의 원인을 정확하게 파악하고 합리적인 대안을 제시하는가? • 업무 시 발생할 다양한 상황에 대한 대처 능력이 있는가? • 어려운 상황에 직면했을 때, 끈기와 근성으로 문제를 해결할 수 있는 역량을 가지고 있는가?
	학업 과제나 업무 진행 중에 가장 어렵거나 힘들었던 문제가 무엇이었습니까?	• 문제해결에 필요한 기본적 사고능력이 있는가? • 문제의 원인을 파악하고 적절한 해결책을 제시, 적용하는가? • 업무 시 발생할 다양한 상황에 대한 대처 능력이 있는가? • 어려운 상황에 직면했을 때, 끈기와 근성으로 문제를 해결할 수 있는 역량을 가지고 있는가?
	일을 하다가 실수한 경험이 있나요? 그 원인은 무엇이라고 생각하나요?	• 문제 원인을 객관적으로 분석하고 원인을 규명하는가? • 실수를 인정하고 개선하려고 노력하는가? • 잘못이나 부정을 감추지 않고 개선/발전의 기회로 삼았는가? • 지속적으로 반복되는 실수는 아닌가?
	예상치 못한 문제나 어려움을 극복하고 성취한 경험을 말해 보세요	• 예상치 못한 문제에 대해서 침착하고 담대하게 대응했는가? • 문제의 원인을 정확하게 파악하고 합리적인 대안을 제시하는가? • 업무 시 발생할 다양한 상황에 대한 대처 능력이 있는가? • 어려운 상황에 직면했을 때, 끈기와 근성으로 문제를 해결할 수 있는 역량을 가지고 있는가?
	지금까지 살아오면서 도전해 본 가장 어려운 일은 무엇입니까? 구체적으로 말해 주세요	• 목표를 세우고 도전하는 사람인가? • 문제해결의 과정이 논리적이고 창의적이었는가? • 다양한 문제상황에 대한 대처 능력이 있는가? • 어려운 상황에 직면했을 때, 끈기, 근성으로 문제를 해결할 수 있는 역량을 가지고 있는가?

영역		질문	평가 기준
D. 자기개발능력	자아인식능력 (자신의 흥미, 적성, 특성 등을 이해하고, 이를 바탕으로 자신에게 필요한 것을 이해하는 능력)	자기소개를 해 주세요	• 자신의 능력과 적성을 분석하여 자신의 가치를 설명하는가? • 직무에 대한 차별화된 강점을 가지고 있는가? • 뚜렷한 비전과 목표를 갖고 있는가? • 입사하고자 하는 태도와 의지가 분명한가?
		취미는 무엇이고, 취미가 주는 긍정적 영향이 있다면 무엇인가?	• 취미가 인생이나 일에 미치는 긍정적인 영향, 의미가 있는가? • 스트레스를 조절하고 해소할 수 있는 방법을 아는가? • 스스로 동기 부여(self-motivation)할 수 있는가? • 현재 지속적으로 진행하고 있는 취미활동인가? • 취미활동이 업무 수행에 부정적 영향을 미치지는 않는가?
		자신의 약점을 보완하기 위해 교육을 받은 경험이 있다면 말해 주세요	• 자신을 객관적으로 분석하고 이해하고 있는가? • 역량향상을 위한 self-motivation을 가지고 지속적으로 학습하는가? • 자신의 약점을 개선/보완하고 강점은 개발하는가? • 지원 직무 및 조직에 치명적인 약점은 아닌가?
		본인이 살아가면서 궁극적으로 추구하는 삶의 가치나 목적은 무엇입니까?	• 자신의 목표와 가치를 명확하게 인지하고, 이를 바탕으로 조직에 기여하고자 하는 뚜렷한 비전과 목표를 가지는가? • 자신의 목표를 조직의 목표와 가치에 연계하여 사고하는가? • 역량향상을 위한 self-motivation을 가지고 노력하는가? • 조직의 가치와 개인의 가치가 일치하는가?
		주위에서(또는 친구들이) 본인을 어떤 사람이라고 이야기합니까?	• 자신을 객관적으로 분석하고 이해하고 있는가? • 다른 사람의 이야기를 듣고 수용하고 개선하려는 의지를 보이는가? • 자신의 강점은 더욱 개발하고 약점은 개선/보완하는가? • 직무에 적합한 성향을 가지고 있는가?

영역	질문	평가 기준
자아관리능력 (업무에 필요한 자질을 지닐 수 있도록 스스로를 관리하는 능력)	지원 직무와 관련된 본인과의 장점은 무엇입니까?	• 자신을 객관적으로 분석하고 이해하고 있는가? • 직무에 요구되는 장점이며, 필요한 역량인가? • 자신에 대한 분석을 바탕으로 회사에 기여하고자 하는 뚜렷한 비전과 목표를 가지고 있는가? • 역량향상을 위한 self-motivation을 가지고 지속적으로 다양한 노력을 하고 있는가?
	자기 계발을 통해 큰 성과(또는 성취감)를 달성한 경험을 말해 주세요	• 스스로 자신의 역할과 목표를 세우고 목표 달성을 위해 노력하고 실천하는가? • 역량향상을 위한 self-motivation을 가지고 지속적으로 다양한 노력을 하고 있는가? • 직무 비전과 연계되는 자기 계발인가?
	지원 분야와 관련된 전문성을 가지기 위해 어떤 노력을 했습니까?	• 자신에 대한 분석을 바탕으로 회사에 기여하고자 하는 뚜렷한 비전과 목표를 가지고 있는가? • 역량향상을 위한 self-motivation을 가지고 지속적으로 다양한 노력을 하고 있는가? • 직무에 요구되는 전문성(강점)인가?
	본인 스스로 더욱 성장하기 위해 최근에 자기개발을 한 경험이 있습니까?	• 뚜렷한 비전과 목표를 갖고 있는가? • 역량향상을 위한 self-motivation을 가지고 있는가? • 자기개발을 위한 다각적이고 다양한 노력을 하고 있는가? • 직무 비전과 연계되는 자기개발인가?
	자신의 역량을 한 단계 성장시키기 위해 가장 효과가 좋은 자기 계발 방법은 무엇인가요?	• 자신의 능력, 적성, 특성 등에 대해 잘 이해하고 있는가? • 역량향상을 위한 self-motivation을 가지고 지속적으로 다양한 노력을 하고 있는가? • 어려운 상황에서도 성공 가능 요인을 적극적으로 찾아내는가? • 직무에 요구되는 역량인가?
경력개발능력 (끊임없는 자기 계발을 위해서 동기를 갖고 학습하는 능력)	입사 후 포부(비전, 목표)에 대해 말해 보세요	• 자신에 대한 분석을 바탕으로 회사에 기여하고자 하는 뚜렷한 비전과 목표를 가지고 있는가? • 회사에 근무하고자 하는 명확한 목표 의식이 있는가? • 회사 조직(비전, 인재상, 조직문화)과 부합하는가? • 입사하고자 하는 열의와 명확한 목표 의식이 있는가?

영역	질문	평가 기준
	10년 후 자신의 모습은 어떤 것이라 생각합니까?	• 직무에 대한 비전과 목표, 해야 할 업무에 대해 구체적으로 이해하고 있는가? • 지원회사에 근무하고자 하는 명확한 목표 의식이 있는가? • 역량향상을 위한 self-motivation을 가지고 노력하는가? • 회사의 비전과 방향에 부합되는 인재인가?
	우리 회사에서 가장 필요한 능력은 무엇이라고 생각합니까?	• 자신에 대한 분석을 바탕으로 회사에 기여하고자 하는 뚜렷한 비전을 가지고 있는가? • 미래에 요구되는 능력, 지식, 경험이 무엇인지를 파악하고 노력하고 준비하는 역량을 가지고 있는가? • 역량향상을 위한 self-motivation을 가지고 있는가? • 조직의 비전과 직무에 요구되는 역량인가?
	입사 후 자기 계발을 한다면, 무엇을 할 것인지 말해 보세요	• 자신에 대한 분석을 바탕으로 회사에 기여하고자 하는 뚜렷한 비전과 목표를 가지고 있는가? • 역량향상을 위한 self-motivation을 가지고 노력하는가? • 자신의 경력단계를 이해하고 이에 적절한 경력개발 계획을 수립할 수 있는가? • 개인과 조직에 필요한 개발 역량인가?
E. 자원관리능력	시간, 인적, 물적 관리능력 (업무에 필요한 자원을 파악하고, 가용 가능 자원을 최대한 활용하여 업무에 배분할지를 계획하는 능력)	한정된 자원(인적, 물적, 시간)을 효율적으로 활용한 경험을 말해 주세요	• 업무 수행에 필요한 자원(인적, 물적, 시간)을 파악하여 효율적으로 활용하는 능력이 있는가? • 자원관리에 대한 강점과 차별성이 있는가? • 자신의 역할과 목표를 확인하고 실천하는 능력이 있는가? • 다른 대안이나 보완 방법을 찾으려는 노력을 했는가?
		여러 가지 일이 한 번에 겹치게 된다면 어떻게 처리하겠습니까?	• 업무 수행에 필요한 자원(인적, 물적, 시간)을 파악하여 효율적으로 활용하는 능력이 있는가? • 자원관리에 대한 강점과 차별성이 있는가? • 어려운 상황에서도 성공 가능 요인을 적극적으로 찾아내는가? • 다른 대안이나 보완 방법을 찾으려는 노력을 했는가?

영역	질문	평가 기준
시간관리능력 (업무에 필요한 시간을 파악하고, 가용 시간 자원을 최대한 활용하여 업무에 어떻게 배분할지를 계획하는 능력)	주어진 시간을 최대한 활용하여 효율적인 성과를 낸 경험이 있나요?	• 업무 수행에 필요한 시간 자원을 파악하여 구체적인 계획을 수립할 수 있는가? • 시간 관리에 대한 자신만의 기준, 강점, 차별성이 있는가? • 효과적인 시간 관리를 통해 맡은 업무를 잘 처리하는가?
	일정이 다급한 업무를 성공적으로 완수할 수 있도록 시간을 배정하고 준비한 경험을 말해 주세요	• 업무 수행에 필요한 시간 자원을 파악하여 구체적인 계획을 수립할 수 있는가? • 시간 관리에 대한 자신만의 기준, 강점, 차별성이 있는가? • 일을 완수할 때까지 열정적으로 임하고 성취를 위한 지속적인 노력을 기울이는가?
	팀 프로젝트 수행 중, 일정 변경 요구에 서로 간의 시간과 자원을 조율하여 추진한 경험을 말해 주세요	• 업무 수행에 필요한 시간 자원을 파악하여 구체적인 계획을 수립할 수 있는가? • 시간 관리에 대한 자신만의 기준, 강점, 차별성이 있는가? • 일을 완수할 때까지 열정적으로 임하고 성취를 위한 지속적인 노력을 기울이는가?
	입사 후, 직장에서 시간을 어떻게 활용할지 말해 보세요	• 업무 수행에 필요한 시간 자원을 파악하여 구체적인 계획을 수립할 수 있는가? • 시간 관리에 대한 자신만의 기준, 강점, 차별성이 있는가? • 자신의 역할과 목표를 이해하고 실천하는 능력이 있는가? • 효과적인 시간 관리를 통해 맡은 업무를 잘 처리하는가?
예산관리능력 (업무에 필요한 자원을 파악하고, 가용 예산을 최대한 활용하여 업무에 어떻게 배분할지를 계획하는 능력)	효과적인 예산을 운영하기 위해 계획을 수립/관리한 경험이 있나요?	• 업무 수행에 필요한 (예산)자원을 파악하여 체계적인 계획을 수립하는 능력이 있는가? • 예산통제에 대한 관리능력을 보유하고 있는가? • 예산관리에 대한 자신만의 지식, 기술, 경험이 있는가?

영역		질문	평가 기준
		당신은 한정된 예산으로 회사의 워크숍을 준비해야 한다면 주어진 예산을 어떻게 효율적으로 사용할 것인가요?	• 업무 수행에 필요한 (예산)자원을 파악하여 체계적인 계획을 수립하는 능력이 있는가? • 예산관리에 대한 자신만의 지식, 기술, 경험이 있는가? • 예산 통제에 대한 관리능력을 보유하고 있는가? • 목적에 따른 예산 유선 순위를 전개하는 능력이 있는가?
	인적자원관리능력 (업무에 필요한 인적자원을 파악하고, 가용자원을 최대한 활용하여 업무에 어떻게 배분할지를 계획하는 능력)	조직을 위한 인재 배치의 이상적인 방안에 대해 말해 보세요	• 인적자원관리에 대한 자신만의 지식, 기술, 경험이 있는지? • 업무 수행에 필요한 인적자원을 객관적으로 파악하여 효율적으로 배분하고 계획하는가? • 조직 공동의 이익을 위한 효율적인 방안인가?
F. 대 인 관 계 능 력	팀웍능력 (팀 목표 달성을 위해 동료들과 적극 협력하고 함께 일하려는 태도)	구성원들과 협력을 통해 문제를 개선한 경험을 말해주세요	• 팀워크의 효과와 중요성을 충분히 이해하고 있는가? • 팀이 지향하는 목표를 명확히 알고 목표 달성을 위해 동료들과 적극 협력하고 함께 일하려는 태도 역량이 있는가? • 동료들과 상호 신뢰, 소통, 협력의 중요성을 아는가? • 조직을 위한 헌신, 희생, 협력 정신을 가지고 있는가? • 개인보다 팀의 목표/과제를 우선으로 인식하는가?
		조직 내 대인관계에서 가장 중요하게 생각하는 것은 무엇인가요?	• 팀이 지향하는 목표를 명확히 알고 목표 달성을 위해 동료들과 적극 협력하고 함께 일하려는 태도 역량이 있는가? • 타인과 상호신뢰, 소통, 협력의 중요성을 아는가? • 조직구성원으로 원만하고 유익한 관계를 구축하고 유지하려는 태도가 있는가?
		어떤 조직이나 단체에 빨리 적응하기 위해 노력했던 경험을 말해 주세요	• 팀의 일원임을 인식하고 공동의 목표를 달성하기 위해 자신의 역할과 책임을 다하는 태도가 있는가? • 팀 목표를 위한 동료들과 상호신뢰, 소통, 협력이 있는가? • 조직이나 단체의 특성에 맞게 적극적인 노력을 하는가?

영역	질문	평가 기준
리더십능력 (공동의 목표 달성을 위해 구성원들을 동기 부여시키고 다른 사람을 이끄는 능력)	리더로써 팀원들과 함께 문제를 해결한 경험이 있다면 말해 주세요	• 팀의 업무를 수행하고 계획을 세우는 능력이 있는가? • 리더로서 목표와 비전을 가지고 주도적으로 행동하는가? • 문제 원인을 객관적으로 분석하고 원인을 규명하는가? • 팀 구성원들의 업무 특성을 파악하고 배분하고 있는가? • 팀 운영의 핵심을 이해하고 리더로 성장 가능성이 있는가?
	공동의 목표 달성을 위해 구성원들을 동기 부여시키고 다른 사람을 이끄는 능력	• 조직의 목표를 달성하기 위하여 다른 사람들과 협조적인 관계를 유지하고 구성원들에게 도움을 줄 수 있는가? • 동료들과 상호신뢰, 소통, 협력의 중요성을 아는가? • 자신과 견해가 다른 상대방의 의견을 수용하고 존중하는가? • 리더로서 책임감을 가지고 주도적으로 행동하는가?
	본인은 리더형인가요? 아니면 팔로워형인가요?	• 팀의 일원임을 인식하고 공동의 목표를 달성하기 위해 자신의 역할과 책임을 다하는 태도가 있는가? • 팀의 업무를 수행하고 계획을 세우는 능력이 있는가? • 팀 운영의 핵심을 이해하고 리더로 성장 가능성이 있는가? • 조직의 인재상과 부합하는가?
	가장 좋아하는 리더는 누구였으며 그 이유를 말해 보세요	• 팀의 일원임을 인식하고 공동의 목표를 달성하기 위해 자신의 역할과 책임을 다하는 태도가 있는가? • 조직의 비전과 핵심을 이해하고 리더로 성장 가능성이 있는가? • 조직의 인재상과 부합하는 가치를 가지고 있는가?
	팀 프로젝트 중간에 해당 분야 전문가인 팀원이 빠져 중단될 위기에 있다면 리더로 어떻게 하겠습니까?	• 리더로서 책임감을 가지고 주도적으로 행동하는가? • 상대를 이해하고 공감하는 태도 역량이 있는가? • 문제의 원인을 정확하게 분석하고 대안을 제안하는가? • 자신의 의견을 명확하고 설득력 있게 표현, 전달하는가? • 공동의 목표/과제의 달성이 개인보다 우선함을 인식하는가?

영역	질문	평가 기준
갈등관리능력 (업무를 수행함에 있어 관련된 사람들 사이에 갈등이 발생하였을 경우, 이를 원만히 조절하는 능력)	주위 사람들과 트러블(갈등, 마찰)이 생겼을 때 어떻게 대처합니까?	• 타인과의 갈등이 있을 때 원인을 파악하는 능력이 있는가? • 조직구성원으로 원만한 관계를 구축하고 유지하려는 태도가 있는가? • 타인의 감정/견해/태도에 대해 상대방의 입장을 이해하고 긍정적으로 대응하는가? • 갈등을 조절, 관리하여 합리적 의사결정을 하는가?
	다양한 팀원들과 함께 프로젝트 수행 중 갈등 상황이 발생한다면, 어떻게 해결하겠습니까?	• 팀워크의 효과와 중요성을 충분히 이해하고 있는가? • 개인보다 팀의 목표/과제를 우선으로 인식하는가? • 동료들과 상호신뢰, 소통, 협력의 중요성을 아는가? • 문제를 해결하기 위해 적극적이고 능동적으로 행동하는가?
	윗사람 또는 선배와 갈등이 생긴다면 어떻게 대처하겠습니까?	• 타인과의 갈등이 있을 때 원인을 파악하는 능력이 있는가? • 조직구성원으로 원만한 관계를 구축하고 유지하려는 태도가 있는가? • 타인의 감정/견해/태도에 대해 상대방의 입장을 이해하고 긍정적으로 대응하는가? • 갈등을 조절, 관리하여 합리적 의사결정을 하는가?
고객서비스능력 (고객의 요구를 만족시키는 자세로 업무를 수행하는 능력)	고객이 불합리한 요구를 제기하면 어떻게 대처하겠습니까?	• 고객의 입장에서 생각하고 고객의 요구를 정확하게 파악하는 능력이 있는가? • 고객의 만족을 분석하여 서비스에 반영하는 능력이 있는가? • 상황에 따른 유연성과 변화 대응 능력이 있는가? • 문제에 대한 합리적인 접근 태도를 가지고 파악하는가? • 조직에 대한 적응력과 로열티를 가지고 있는가?
	고객을 대할 때 어떤 면을 가장 중요하게 생각하나요? 이유는 무엇인가요?	• 조직의 대고객 목표를 명확히 알고 목표 달성을 위한 자신의 역할을 인식/실천하는 역량이 있는가? • 고객의 입장에서 생각하고 고객의 요구를 정확하게 파악하는 능력이 있는가? • 고객의 중요성을 알고 배려하고 대우하고자 하는가?

영역		질문	평가 기준
		고객의 요구를 만족시키는 자세로 업무를 수행하는 능력	• 고객의 입장에서 생각하고 고객의 요구를 정확하게 파악하는 능력이 있는가? • 고객의 만족을 분석하여 서비스에 반영하는 능력이 있는가? • 자신이 편리보다 고객의 편의를 위해 프로세스를 세우는가? • 고객의 중요성을 알고 배려하고 대우하고자 하는가?
G. 정보능력	컴퓨터활용능력 (업무와 관련된 정보를 수집, 분석, 조직, 관리, 활용하는 데 있어 컴퓨터를 사용하는 능력)	자신의 컴퓨터 활용능력이 어느 정도인지 말해 보세요	• 컴퓨터 이론에 관한 전문적 지식과 기술 능력이 있는가? • 인터넷을 통해 필요한 정보를 검색, 관리하여 업무에 활용할 수 있는 능력이 있는가? • 직무와 관련된 자격증이나 직, 간접적 경험이 있는가? • 직무에 필요한 역량과 부합하는 능력인가?
	정보처리능력 (업무와 관련된 정보를 수집, 분석하여 의미 있는 정보를 업무 수행에 적절하도록 조직, 관리하며 활용하는 능력)	정보를 수집하고 관리하기 위한 자신만의 방법을 말해 보세요	• 다양한 매체와 방법을 이용해서 정보를 수집하고, 목적에 따라 분석, 관리하는 방법을 알고 있는가? • 수집한 자료를 선별, 분류하여 체계적으로 관리하는가? • 직무와 관련된 경험으로 적용 및 활용이 가능한가?
		자신의 정보수집능력으로 팀 업무(과제) 수행에 긍정적 성과를 가져온 경험이 있다면 말해 주세요	• 프로젝트 수행을 위한 다양한 정보습득능력이 있는가? • 조사한 정보를 효율적으로 이용할 수 있는 분석능력이 있는가? • 수집한 자료를 선별, 분류하여 체계적으로 관리하는가? • 직무와 관련된 경험으로 적용 및 활용이 가능한가?
		프로젝트 진행 시 팀장(혹은 동료)이 요구하는 적합한 자료를 조사하고, 수집한 경험이 있다면 말해 주세요	• 프로젝트 수행을 위한 다양한 정보습득능력이 있는가? • 조사한 정보를 효율적으로 이용할 수 있는 분석능력이 있는가? • 수집한 자료를 선별 분류하여 체계적으로 관리하는가? • 직무와 관련된 경험으로 적용 및 활용이 가능한가?

영역		질문	평가 기준
H. 기술능력	기술이해능력 (업무 수행에 필요한 기술적 원리를 올바르게 이해하는 능력)	본인이 지원한 직무 분야에서 가장 필요하다고 생각하는 기술은 무엇입니까?	• 업무 수행에 필요한 기본적인 기술의 원리 및 절차를 이해하고 있는가? • 업무 수행에 필요한 다양한 도구 활용 능력이 있는가? • 해당 기술이 왜 필요한지 합리적인 이유가 있는가? • 직무에 필요한 기술과 부합하는 능력인가?
	기술선택능력 (도구, 장치를 포함하여 업무 수행에 필요한 기술을 선택하는 능력)	필요한 지식(기술)이라고 판단하여 별도의 노력을 통해 배운 적이 있나요?	• 업무 수행에 필요한 기술을 비교 분석한 후 장단점을 파악하여 선택하는 능력이 있는가? • 목적에 맞게 다양한 도구를 활용하는 기술 능력이 있는가? • 해당 기술이 왜 필요한지 합리적인 이유가 있는가? • 직무에 필요한 기술과 부합하는 능력이 있는가?
		자신의 전공이 회사(또는 지원 분야)에 어떻게 도움이 되는지 설명해 보세요	• 희망 직무에 대한 역할과 구체적인 업무(지식/태도/기술)를 파악하고 있는가? • 희망하는 직무 분야의 비전과 지원 동기가 명확한가? • 희망 직무에 필요한 자신의 역량과 특성을 알고 있는가? • 직무에 필요한 (기술)역량과 부합되는 (전공)분야인가?
	기술적용능력 (업무 수행에 필요한 기술을 실제로 적용하는 능력)	습득한 기술을 실제 상황에 적용하여 결과물을 만들어낸 적이 있나요?	• 직무를 이해하고 관련 지식과 기술이 있는가? • 업무 수행에 필요한 기술을 실제로 여러 가지 상황에 적용하여 결과를 분석할 능력이 있는가? • 목적에 맞게 다양한 도구를 활용하는 기술 능력이 있는가? • 직무에 필요한 역량과 부합하는 능력인가?
		기존에 사용하던 기술이나 장비를 되풀이하기보다, 적합한 기술 및 장비를 새롭게 적용해 본 경험이 있다면 말해 보세요	• 업무 수행에 필요한 기술을 비교 분석한 후 장단점을 파악하여 선택하는 능력이 있는가? • 목적에 맞게 다양한 도구를 활용하는 기술 능력이 있는가? • 직무에 필요한 역량과 부합하는 능력인가?

영역		질문	평가 기준
		전자기기의 오작동을 처리하거나 수리한 경험이 있다면 말해 보세요	• 전자기기와 관련한 지식과 경험이 있는가? • 문제해결에 필요한 기술을 실제로 여러 가지 상황에 적용하여 사용할 수 있는가? • 목적에 맞게 다양한 도구를 활용하는 기술 능력이 있는가? • 직무에 필요한 역량과 부합하는 능력인가?
I. 조직이해능력	국제감각 (주어진 업무에 관한 국제적인 추세를 이해하는 능력)	글로벌 회사로 발전하기 위해 지원자의 역할은 무엇이라고 생각하십니까?	• 경영환경에 적응할 수 있는 국제적 감각이 있는가? • 국제 동향을 이해하고 분석하여 업무 상황에 활용하는 능력이 있는가? • 글로벌 경쟁력을 갖추기 위한 업무(지식/기술·태도) 내용과 역할을 파악하고 있는가? • 영어 또는 다른 외국어로 의사소통이 가능한가?
		글로벌 시대에 우리 회사가 나아가야 할 방향에 대해 설명해 보세요	• 회사의 비즈니스와 직무의 역할을 이해하고 있는가? • 대내외 관점을 바라보는 시각과 국제 이슈에 관심을 가지고 향후 전망과 역할에 대한 자신만의 의견을 제시하는가? • 국제 동향을 이해하고 분석하여 업무 상황에 활용하는 능력이 있는가? • 글로벌 경쟁력을 갖추기 위한 자신만의 역량이 있는가?
	경영이해능력 (사업이나 조직의 경영에 대해 이해하는 능력)	우리 회사에 지원하게 된 동기는 무엇입니까?	• 회사 비즈니스에 대해 이해하고 조직의 특성을 아는가? • 희망 직무에 대한 역할과 구체적인 업무(지식/기술/태도) 내용을 파악하고 있는가? • 희망하는 직무 분야의 비전과 지원 동기가 명확한가? • 희망 직무에 필요한 자신의 역량과 특성을 알고 있는가? • 회사에 입사하고자 하는 열의와 목표가 명확한가?
		우리 회사의 주요 사업에 대해 아는 대로 말해 보세요	• 회사 비즈니스에 대해 이해하고 자신이 속한 조직에 대한 이해와 지식이 있는가? • 회사의 비전을 자신의 비전과 역량에 연계하여 하고 있는가? • 직무에 대한 이해와 맡은 업무에 대한 수행 능력이 있는가? • 회사에 입사하고자 하는 열의와 명확한 목표 의식이 있는가?

영역	질문	평가 기준
	우리 회사의 핵심 가치 중 자신의 생각하는 중요한 가치는 무엇인가요?	• 회사 비즈니스에 대해 이해하고 조직의 특성을 아는가? • 회사 조직의 가치(조직문화, 비전, 인재상)와 부합하는가? • 자신의 가치를 조직의 목표와 가치에 연계하여 사고하는가? • 회사에 로열티를 가지고 조직을 위해 근무하고자 하는 명확한 목표 의식이 있는가?
	마지막으로 하고 싶은 말이나 궁금한 점이 있으면 말해 보세요	• 회사에 입사하고자 하는 열의와 명확한 목표 의식이 있는가? • 조직의 구성원으로 자신의 역할을 적극적으로 수행하고 회사에 기여하고자 하는 의지가 있는가? • 회사 비즈니스에 대해 이해하고 조직의 특성을 아는가? • 회사 조직의 가치(조직문화, 비전, 인재상)와 부합하는가?
	우리 회사의 최근 이슈에 대해 본인의 의견을 말해 보세요	• 대내외 관점을 바라보는 시각을 가지고 향후 전망과 역할에 대한 자신만의 의견을 제시하는가? • 회사의 비즈니스와 직무의 역할을 이해하고 있는가? • 희망하는 직무 분야의 비전과 지원 동기가 명확한가? • 직무에 대한 자신만의 핵심역량이 있는가?
	변화에 적응하고 주도하기 위해 우리 회사가 해야 할 일에 대해서 말해 보세요	• 회사 비즈니스에 대해 이해하고 조직의 특성을 아는가? • 대내외 관점을 바라보는 시각을 가지고 향후 전망과 역할에 대한 자신만의 의견을 제시하는가? • 회사의 비전을 자신의 비전과 역량에 연계하여 사고하는가? • 직무에 대한 자신만의 핵심 역량을 가지고 있는가?
조직 체제이해능력 (업무 수행과 관련하여 조직의 체제를 올바르게 이해하는 능력)	조직 생활에서 가장 중요하다고 생각하는 것은 무엇인가요?	• 자신이 속한 조직의 특성과 체제를 올바르게 이해하는가? • 조직의 구성원으로, 적극적으로 자신의 역할을 수행하고자 하는 의지가 있는가? • 회사에 입사하고자 하는 열의와 명확한 목표 의식이 있는가? • 회사 조직의 가치(조직문화, 비전, 인재상)와 부합하는가?

영역	질문	평가 기준
업무이해능력 (조직의 업무를 이해하는 능력)	업무 수행과 관련하여 조직의 체제를 올바르게 이해하는 능력	• (적응력) 새로운 환경이나 조직의 특성에 맞추어 융화하는 능력 및 의지가 있는가? • 조직 전체의 목표와 구성을 이해하고 규칙 및 규정을 파악하는 능력이 있는가? • 조직의 구성원으로 적극적으로, 자신의 역할을 수행하고자 하는 의지가 있는가? • 조직의 절차와 체계에 순응할 수 있는 성향을 지녔는가?
	입사하게 된다면 회사에 바라고 싶은 점은 무엇인가요?	• 회사 비즈니스에 대해 이해하고 조직의 특성을 아는가? • 조직 전체의 목표와 구성을 이해하고 규칙 및 규정을 파악하는 능력이 있는가? • 회사의 비전을 자신의 비전 및 보유 역량에 연계하여 사고하는가? • 조직의 절차와 체계에 순응할 수 있는 성향을 지녔는가?
	입사하면 어떤 일을 하고 싶나요? 그렇게 생각하는 이유를 말해 보세요	• 회사 비즈니스에 대해 이해하고 조직의 특성을 아는가? • 직무에 대한 역할과 구체적인 업무(지식/기술/태도) 내용을 파악하고 있는가? • 희망 직무에 필요한 자신의 역할과 특성을 알고 있는가? • 희망하는 직무 분야의 비전과 지원 동기가 명확한가? • 회사에 입사하고자 하는 열의와 목표가 명확한가?
	회사의 발전(비전)을 위해 지원 직무의 역할은 무엇이라고 생각하십니까?	• 회사 비즈니스에 대해 이해하고 조직의 특성을 아는가? • 직무에 대한 역할과 구체적인 업무(지식/기술/태도)내용을 파악하고 있는가? • 조직의 구성원으로 적극적으로 자신의 역할을 수행하고자 하는 의지가 있는가? • 희망하는 직무 분야의 비전과 지원 동기가 명확한가?
	신규 상품 또는 서비스에 대한 아이디어를 생각해 본 것이 있다면 말해 주십시오	• 회사에 지속적인 관심을 가지고 사업 전반의 비즈니스를 이해하고 있는가? • (통찰력) 분석한 내용을 토대로 문제의 본질을 이해하거나 새로운 시각의 결과를 도출하는 능력이 있는가? • 직무와 연계하여 다양한 아이디어를 제안하고 새로운 방법 적용을 시도하는가?

영역		질문	평가 기준
J. 직업윤리	근로윤리 (업무에 대한 존중을 바탕으로 근면하고 성실하고 정직하게 업무에 임하는 자세)	조직에서 판매하는 상품 또는 서비스의 장점과 약점에 대해 말해 주세요	• 회사와 업계 비즈니스에 대해 이해하고 관련 지식이 있는가? • 회사의 강·약점을 분석하여 향후 개선/발전 방향에 대한 자신만의 의견을 제시하는가? • 회사의 강·약점에 대한 지원 직무의 역할과 자신의 보유 역량을 연계하여 사고하는가?
		상사로부터 부당한 업무 지시를 받는다면 어떻게 하시겠습니까?	• 조직 규범에 대한 개인의 가치 기준이 올바르고 긍정적인가? • 문제를 올바르게 인식하고 해결책을 제시하는가? • 조직의 체계와 절차와 순응하며, 유연한 자세를 가지는가? • 조직의 가치(조직문화, 인재상)와 부합하는 인재인가?
		상사의 비리를 알게 되었다면 어떻게 행동할 것인가요?	• 비리(위법한 행위)라는 의미를 알고 답변하고 있는가? • 직장/조직에 대한 개인의 가치 기준이 올바르고 긍정적인가? • 규칙이나 법규 준수에 올바른 사고를 가지고 있는가? • 문제를 올바르게 인식하고 해결책을 제시, 행동하는가? • 조직문화와 절차에 순응하며, 유연한 자세를 가지고 있는가?
		개인적인 어려움이 따르더라도 신의·성실을 다하여 윤리적으로 행동했던 경험을 말해 보세요	• 직장생활에서 지켜야 할 기본적인 도덕과 업무태도를 보유하고 있는가? • 상대방과의 신의를 중요하게 생각하며 신뢰를 받을 수 있는 도덕적 품성을 가졌는가? • 공동의 목표와 이익이 개인보다 우선함을 인지하는가? • 조직의 가치(조직문화, 인재상)와 부합하는가?
		약속을 지키기 어려운 상황을 이겨내고, 지키기 위해 노력했던 경험이 있다면 말해 보세요	• 상대방과의 신의를 중요하게 생각하며 신뢰를 받을 수 있는 도덕적 품성을 가졌는가? • 타인을 배려하고, 규범을 지키려는 자세가 있는가? • 조직 체제를 이해하고, 유연한 자세를 가지고 있는가? • 공동의 목표와 이익이 개인보다 우선함을 인지하는가? • 조직의 가치(조직문화, 인재상)와 부합하는 인재인가?

영역	질문	평가 기준
공동체윤리 (인간 존중을 바탕으로 봉사하며 책임 있고 규칙을 준수하며 예의 바른 태도로 업무에 임하는 자세)	직장인으로서의 직업 윤리가 왜 중요한지 자신의 가치관을 바탕으로 말해 주세요	• 직업 윤리에 대한 개인의 가치 기준이 올바르고 긍정적인가? • 직장생활에서 지켜야 할 기본적인 도덕과 업무태도를 보유하고 있는가? • 조직체제를 이해하고 순응하는 성향을 지녔는가? • 조직의 가치(조직문화, 비전, 인재상)와 부합하는가?
	봉사활동을 한 경험이 있습니까? 봉사활동을 통해 어떤 점을 배우거나 느꼈는지 말해주세요	• 개인의 가치판단 기준에 따른 직장/조직에 대한 관념이 올바르고 긍정적인가? • 공동의 목표와 이익이 개인보다 우선함을 인지하는가? • 공동체의 가치와 봉사, 근로의 보람을 가지고 있는가? • 봉사활동의 동기, 가치, 보람 등의 내용에 진실성이 있는가? • 조직의 가치(조직문화, 비전, 인재상)와 부합하는 인재인가?
	개인적으로 중요한 일과 회사 업무가 동시에 겹쳤다면 어떻게 하겠는가?	• 직장/조직에 대한 개인의 가치 기준이 올바르고 긍정적인가? • 조직 체제를 이해하고, 유연한 자세를 가지고 있는가? • 성실하고 책임감있는 자세로 임하려는 태도가 있는가? • 공동의 목표와 이익이 개인보다 우선함을 인지하는가? • 조직의 가치(조직문화, 비전, 인재상)와 부합하는 인재인가?
	팀 회식과 개인 약속이 겹친다면 어떻게 하겠습니까?	• 직장/조직에 대한 개인의 가치 기준이 올바르고 긍정적인가? • 조직 체제를 이해하고, 유연한 자세를 가지고 있는가? • 성실하고 책임감있는 자세로 임하려는 태도가 있는가? • 공동의 목표와 이익이 개인보다 우선함을 인지하는가? • 조직의 가치(조직문화, 비전, 인재상)와 부합하는 인재인가?
	규칙이나 제도를 불합리하다고 느껴본 경험이 있나요? 어떻게 바꾸고 싶은가요?	• 직장/조직에 대한 개인의 가치 기준이 올바르고 긍정적인가? • 조직의 체제를 이해하고 순응하려는 태도가 있는가? • 불합리하다고 생각하는 이유가 합리적이고 논리적인가? • 타인을 배려하고, 규범을 지키려는 자세가 있는가? • 공동의 목표와 이익이 개인보다 우선함을 인지하는가?

영역	질문	평가 기준
	단체의 규칙/원칙을 지키기 위해 희생하거나 손해를 본 경험을 말해 보세요	• 상대방과의 신의를 중요하게 생각하며 신뢰를 받을 수 있는 도덕적 품성을 가졌는가? • 타인을 배려하고, 규범을 지키려는 자세가 있는가? • 직장/조직에 대한 개인의 가치 기준이 올바르고 긍정적인가? • 조직의 가치(제도, 문화, 인재상)와 부합하는 인재인가?
	조직의 규칙이나 원칙을 신경 쓰면서 성실하게 일한 경험을 말해 주세요	• 직장 또는 조직에 대한 가치와 기준이 올바르고 긍정적인가? • 정직하고 책임감 있는 자세로 업무에 임하는 태도가 있는가? • 타인을 배려하고, 규범을 지키려는 자세가 있는가? • 조직의 체계 및 문화에 순응하는 성향을 지녔는가? • 조직의 가치(인재상)와 부합하는가?
	다른 사람의 실수를 바로잡고 원칙과 절차대로 진행하여 성공적으로 업무를 마무리한 경험을 말해 주세요	• 중요하다고 생각하는 가치와 기준이 올바르며, 직업 또는 조직에 대한 관념이 올바르고 긍정적인가? • 타인을 배려하고, 규범을 지키려는 자세가 있는가? • 실수의 원인을 올바르게 인식하고 해결책을 제시하는가? • 잘못이나 부정을 감추지 않고 개선/발전의 기회로 삼는가? • 조직의 가치(인재상)와 부합하는 인재인가?

부록 3 - 〈표 30〉 채용 단계별 진단 체크리스트

채용단계	내용	진단결과 적	진단결과 부
채용공고	지원자는 공고 내용을 기준으로 지원을 준비하므로, 채용과 관련된 필수적인 정보는 공고문에 제시		
	채용 시 차별금지 관련 법률 저촉 여부, 사회적 약자 우대법률 준수 여부 검토		
	채용공고는 가능한 복수의 매체를 통해 게시		
	지원자가 준비할 수 있게 미리 공고하고, 공고문에 명시한 대로 채용 진행		
	공고문의 내용은 원칙적으로 변경 불가능하며, 부득이한 경우에 한하여 변경 또는 재공고		
	변경 또는 재공고를 실시할 때 지원자에게 불편함이 없도록 충분히 고지		
	합격자 결정과 관련한 가산점과 우대사항은 공고문에 명시		
서류접수	지원자의 궁금증 해소 또는 민원 사항 조치를 위한 담당자 연락처, 원서 접수 도움 창구 제시		
	응시원서 작성 및 제출 서류 준비에 소요되는 시간을 감안하여 원서접수 기간을 충분히 설정		
	개인정보 보호 등 보안에 유의		
	사진이 없는 지원서 활용		
서류전형	응시원서 및 제출 서류에 출신 지역, 가족관계, 신체적 조건, 학력 등 편견을 유발할 수 있는 정보 요구 금지		
	지원자의 증빙자료는 최소한으로 제출하도록 하고 개인정보, 학위 증빙 등의 자료를 평가위원에게 제공하지 않음		
	공정한 평가를 위해서는 내부 및 외부 평가자가 같이 평가		
	지원자의 자격, 경력 등과 관련된 증빙서류가 응시 자격 요건 등 기존 공고 기준과 부합하는지 확인		
필기전형	문제 유출 방지, 외부인 무단침입 통제 등 보안 관리에 유의		
	필기시험 집행 시 발생할 수 있는 돌발상황 및 부정행위 대응을 위해 파견관 및 감독관을 대상으로 사전교육 실시		

채용단계	내용	진단결과	
		적	부
	장애를 가진 지원자가 필기시험에 응시하는 경우 시험시간 연장, 장소 및 장비 등 편의 지원		
면접전형	평가의 특성을 고려하여 특정 입장을 지지하거나 특정 답으로 유도하지 않도록 자료의 균형 유지		
	동일 유형의 직무·직급을 대상으로 진행할 때는 대상자별 면접 시간을 균등하게 적용		
	면접관의 평가 오류를 줄이고 면접역량을 강화하기 위해 면접관 유의사항 등 사전교육 실시		
합격자 결정 발표	채용 기준을 정확히 준수했는지 확인		
	합격자 발표는 사전 공지된 일자에 공지된 방식으로 진행		
	내정된 불합격자에 대해 불합격 사유 등을 고지 방법에 따라 고지		
	응시생에게 민원 또는 이의제기 절차에 대해 안내하고 관련 의견 수렴		

부록 4 - [그림 36] "문제해결능력"을 평가하기 위한 경험 면접 예시

☐ 경험 사례 차별성 높이기

01. 상황의 복잡성을 높이기

- 내가 수행한 과업이 매우 힘든 과업임을 알림
- 다른 사람들이 어렵게 판단하고 있다는 근거를 제시함
- 여러가지 과업이 복합적으로 얽혀 있음을 설명함

02. 다양한 행동을 제시하기

- 본인이 수행한 활동을 최대한 자세히 나열
- 수행한 활동을 소단위로 나누어서 제시
  (예: 원인을 분석한 행동, 대안 제시를 위한 행동, 설득을 위한 행동 등)

03. 경험 사례의 차별성 검토하기

- 작성한 활동의 주어를 다른 사람의 주어로 변경하였을 때 이야기가 자연스럽다면 차별화된 사례라고 할 수 없음

부록 5 - [그림 36] "문제해결능력"을 평가하기 위한 경험 면접 예시

☐ 발표 면접 전략

01. 자료 분석 및 논리력 키우기

- 주제의 명확성: 주장하고자 하는 논점 파악
- 주장의 활용 가능성: 주장한 내용을 직무 내용과 연관 지어 설명
- 근거의 타당성: 도출된 논리 과정을 설명

02. 논리적 표현 기술 기르기

03. 모의 면접을 통한 실전 감각 높이기

표

〈표 1〉 대학생·성인의 자기이해 및 직업탐색 검사　　　　　　　　022
　　워크넷(2024). 대학생·성인의 자기이해와 진로탐색 검사 가이드 e-북.
　　https://www.work.go.kr

〈표 2〉 대학 전공별 진로가이드　　　　　　　　　　　　　　　　024
　　워크넷(2024). 대학 전공별 진로가이드.
　　https://www.work.go.kr

〈표 3〉 청년을 위한 취업 준비 체크리스트　　　　　　　　　　　025
　　한국산업인력공단(2022). 2022년 능력중심채용모델 청년 구직자 가이드북.

〈표 4〉 기업을 위한 채용 평가 체크리스트　　　　　　　　　　　027
　　한국산업인력공단(2022). 2022년 능력중심채용모델 청년 구직자 가이드북.

〈표 5〉 직무능력 중심 취업(채용) 패러다임 변화　　　　　　　　029
〈표 6〉 일반 직무기술서와 채용 직무기술서의 차이　　　　　　　035
　　김진실(2024). 한국의 SkillsFuture(스킬즈퓨처). 애플북.

〈표 7〉 직무능력 중심 채용에서의 채용 직무기술서 개발절차　　036
　　김진실(2024). 한국의 SkillsFuture(스킬즈퓨처). 애플북.

〈표 8〉 직무능력 중심 채용에서의 채용 직무기술서 예시(인사·조직)　037
〈표 9〉 국가직무능력표준(NCS)을 활용한 직무분석 과정　　　　039
　　김면식, 김순호, 이선옥, 이승철, 최승규(2023). 이제부터는 공정채용이다. 박문각

〈표 10〉 반도체 개발 분야 채용 직무기술서 예시(능력중심채용모델 중)　041
〈표 11〉 반도체 개발 분야 채용 평가 Matrix 예시(능력중심채용모델 중)　042
〈표 12〉 능력중심 채용 모델 개발 성과　　　　　　　　　　　　045
　　한국산업인력공단(2023). 능력중심 채용모델 개발 및 보급 사업 성과와 향후 운영 계획

〈표 13〉 기존 채용과 직무능력 중심 채용 비교　　　　　　　　046
〈표 14〉 서류전형에서의 평가도구 종류 및 내용　　　　　　　　049
　　김면식, 김순호, 이선옥, 이승철, 최승규(2023). 이제부터는 공정채용이다. 박문각

〈표 15〉 직무능력 중심 취업(채용)의 자기소개서 질문의 유형　　051
〈표 17〉 직무능력 중심 채용의 자기소개서 작성분량 예시　　　052
〈표 18〉 직무능력 중심 채용의 자기소개서 평가 기준　　　　　053
〈표 19〉 직무능력 중심 취업(채용)의 자기소개서 예시(경영기획 분야)　053

〈표 20〉 직무능력 중심 취업(채용)의 경험·경력 기술서 예시(경영기획 분야)　055
〈표 21〉 직무능력 중심 취업(채용)의 필기전형 예시　057
〈표 22〉 직무능력 중심 취업(채용)의 면접전형　058
〈표 23〉 채용프로세스(서류전형-필기전형-면접전형)별 특징　070
〈표 24〉 NCS 기반 평가 매트릭스　072
　　한국산업인력공단(2022). 2022년 능력중심채용모델 청년 구직자 가이드북.
〈표 25〉 입사지원서 및 자기소개서　076
〈표 26〉 직무 관련 자격 사항　078
〈표 27〉 직업기초능력 영역　부록
　　국가직무능력표준. (n.d.). 직업기초능력.
　　https://www.ncs.go.kr/th03/TH0302List.do?dirSeq=152. 재구성.
〈표 28〉 직업기초능력 영역별 면접 질문 및 평가 기준　부록
〈표 29〉 NCS에서 직무수행능력인 능력단위 구성항목별 내용　087
〈표 30〉 채용 단계별 진단 체크리스트　부록
　　고용노동부, 한국산업인력공단(2023). 공정채용 컨설팅 가이드북.
〈표 31〉 채용 단계별 진단 체크리스트　107
　　김면식 외(2023). 이제부터는 공정채용이다. 박문각
〈표 32〉 채용 직무기술서 개발 절차　110
　　김면식 외(2023). 이제부터는 공정채용이다. 박문각
〈표 33〉 NCS를 활용한 채용 단계별 평가 요소 설계(직무수행능력 예시:인사)　113
　　김면식 외(2023). 이제부터는 공정채용이다. 박문각
〈표 34〉 NCS를 활용한 채용 단계별 평가 요소 설계(직업기초능력 예시)　113
　　김면식 외(2023). 이제부터는 공정채용이다. 박문각
〈표 35〉 서류전형 평가도구별 특성　115
　　김면식 외(2023). 이제부터는 공정채용이다. 박문각
〈표 36〉 평가 역량별 서류전형 도구 매칭　115
　　김면식 외(2023). 이제부터는 공정채용이다. 박문각
〈표 37〉 평가 역량별 면접전형 도구 매칭　117
　　김면식 외(2023). 이제부터는 공정채용이다. 박문각
〈표 38〉 평가 영역×면접유형(평가도구)매트릭스 예시　118
　　김면식 외(2023). 이제부터는 공정채용이다. 박문각
〈표 39〉 직무수행능력 평가 준거(예시)　120
　　김면식 외(2023). 이제부터는 공정채용이다. 박문각

〈표 40〉 직업기초능력 평가 준거(예시)   121
    김면식 외(2023). 이제부터는 공정채용이다. 박문각

〈표 41〉 직무기술서의 정의와 목적   126
    김면식 외(2023). 이제부터는 공정채용이다. 박문각

〈표 42〉 직무능력 중심 채용공고의 효과   126
    김면식 외(2023). 이제부터는 공정채용이다. 박문각

〈표 43〉 직무능력 중심 채용공고 개발 방향   127
    김면식 외(2023). 이제부터는 공정채용이다. 박문각

〈표 44〉 채용 공고문 개발 시 차별적 요소 및 직무능력 연관성 판단   127
    김면식 외(2023). 이제부터는 공정채용이다. 박문각

〈표 45〉 채용 단계별 발생 가능한 편견 요소   129
    김면식 외(2023). 이제부터는 공정채용이다. 박문각

〈표 46〉 자기소개서의 평가 기준과 체크포인트   133
    한국산업인력공단(2022). 2022년 능력중심채용모델 인사담당자 가이드북.

〈표 47〉 경력 기술서 평가 기준과 체크포인트   135
    한국산업인력공단(2022). 2022년 능력중심채용모델 인사담당자 가이드북.

〈표 48〉 필기전형의 정성평가 시 고려 사항 및 평가 방법   136
    한국산업인력공단(2022). 2022년 능력중심채용모델 인사담당자 가이드북.

〈표 49〉 서술형 평가시 고려 사항   137
    한국산업인력공단(2022). 2022년 능력중심채용모델 인사담당자 가이드북.

〈표 50〉 일반 면접전형 vs 직무능력 중심 채용의 구조화 면접   139
    한국산업인력공단(2022). 2022년 능력중심채용모델 인사담당자 가이드북.

〈표 51〉 일반 면접전형 vs 직무능력 중심 채용의 구조화 면접   141
    한국산업인력공단(2022). 2022년 능력중심채용모델 인사담당자 가이드북.

〈표 52〉 면접전형 운영 절차 및 계획   145
    한국산업인력공단(2022). 2022년 능력중심채용모델 인사담당자 가이드북.

〈표 53〉 「인사분야」 능력단위   154
    한국산업인력공단(2022). NCS홈페이지-NCS학습모듈 검색(인사분야 능력단위).

〈표 54〉 「인사분야」 능력단위의 지식/기술/태도   155
    한국산업인력공단(2022). NCS홈페이지-NCS학습모듈 검색(인사분야 능력단위).

〈표 55〉 「인사분야」 직무의 "지원 동기" 작성 시 활용한 능력단위   159
〈표 56〉 「인사분야」 직무의 "직무 경험" 작성 시 활용한 능력단위   160
〈표 57〉 「인사분야」 직무의 "문제해결" 작성 시 활용한 능력단위   161

〈표 58〉「인사분야」 직무의 "NCS기반 면접 질문" 에 대한 답변 시 활용한 능력단위　162
〈표 59〉「IT분야」 능력단위　168
　　　한국산업인력공단(2022). NCS홈페이지-NCS학습모듈 검색(IT분야 능력단위).
〈표 60〉「IT분야」 능력단위의 지식/기술/태도　171
　　　한국산업인력공단(2022). NCS홈페이지-NCS학습모듈 검색(인사분야 능력단위)
〈표 61〉「IT분야」 직무의 "지원 동기" 작성 시 활용한 능력단위　174
〈표 62〉「IT분야」 직무의 "직무 경험" 작성 시 활용한 능력단위　175
〈표 63〉「IT분야」 직무의 "문제해결" 작성 시 활용한 능력단위　176
〈표 64〉「IT분야」 직무의 "NCS기반 면접 질문" 에 대한 답변 시 활용한 능력단위　177

그림

[그림 1] Mclagan의 HRD Wheel　　　　　　　　　　　　　019
　　　HR 인사이트(2022). HRM vs HRD 차이점, 무엇이 다를까?.
　　　https://shiftee.io/ko/blog/article/hrTermsDefinition1
[그림 2] 청년들에게 도움이 되는 홈페이지　　　　　　　　　024
[그림 3] 공정 취업(채용)제도의 세 가지 키워드「투명, 능력중심. 공감」　031
　　　고용노동부, 한국산업인력공단(2023), 공정채용 컨설팅 가이드북.
[그림 4] 직무능력 중심 채용 핵심 절차(기업)　　　　　　　033
[그림 5] 채용 직무기술서 개발에 필요한 직무와 직무능력 도출과정　037
　　　고용노동부, 한국산업인력공단(2023), 공정채용 컨설팅 가이드북.
[그림 6] NCS 분류에서 "인사" 분야 직무 탐색　　　　　　040
　　　국가직무능력표준(NCS) 홈페이지(2024). NCS학습모듈검색.
　　　https://www.ncs.go.kr
[그림 7] 직무능력직무수행능력+직업기초능력의 표준화=국가직무능력표준(NCS) 046
　　　김진실(2024). 한국의 SkillsFuture(스킬즈퓨처). 애플북.
[그림 8] 직무능력중심 채용 모형　　　　　　　　　　　　　047
　　　고용노동부, 한국산업인력공단(2018). 블라인드 채용 가이드북.
[그림 9] 능력중심채용모델 검색(NCS 홈페이지-공정채용-전형별 평가샘플) 047
[그림 10] 능력중심채용모델 한 세트 예시(직군명 : 반도체 개발)　048
[그림 11] 공공기관 표준입사지원서　　　　　　　　　　　050
　　　고용노동부, 한국산업인력공단(20218). 블라인드 채용 가이드북.
[그림 12] NCS 학습모듈에서 필기시험 참고하기　　　　　056
[그림 13] 구조화에 따른 구술 면접의 구분　　　　　　　059
　　　김면식, 김순호, 이선옥, 이승철, 최승규(2023). 이제부터는 공정채용이다. 박문각
[그림 14] 직무능력 중심 채용에서의 경험 면접 평가 문항 예시(일반판매) 059
[그림 15] 워크넷(www.work.go.kr)을 통한 채용정보 확인　064
[그림 16] 국가직무능력표준(www.ncs.go.kr)을 통한 채용정보 확인　065
[그림 17] NCS 공정채용에서 직무기술서 확인(한국콘첸츠진흥원 클릭) 066
[그림 18] 한국콘텐츠진흥원 직무기술서에서의 채용 분야　067
[그림 19] 한국콘텐츠진흥원 직무기술서에서의 직무수행내용·필요능력·지식·기술·태도 068

[그림 20] 직무능력 취업(채용)의 일반적인 프로세스　　　069
[그림 21] 한국콘텐츠진흥원 채용공고　　　070
[그림 22] 한국콘텐츠진흥원 채용프로세스별 특징　　　071
[그림 23] 직무능력 중심 취업(채용) 입사지원서 양식　　　077
[그림 24] 직무능력 중심 취업(채용) 자기소개서 양식　　　077
[그림 25] 직무 역량 관점에서 본인의 강점 어필 전략　　　079
[그림 26] 핵심 역량 관점에서 본인의 강점 어필 전략　　　080
[그림 27] 자기소개서 작성원리 : 자기소개서 문항 개발 및 평가 단계　　　081
[그림 28] 자기소개서 작성 전략 : 역량×시간 매트릭스 작성해 보기　　　082
[그림 29] 직무수행능력 평가 시험과목 예시　　　084
[그림 30] 직업기초능력 개념 이해 동영상　　　085
[그림 31] 국가직무능력표준(NCS)에서의 직무수행능력인 "능력단위"의 구성　　　087
[그림 32] NCS에서의 대분류-중분류-소분류-세분류-능력단위-능력단위요소 엑셀시트 예시　088
　　국가직무능력표준(2024). NCS활용-자료실-NCS정보망 DB.
　　https://www.ncs.go.kr/th06/bbs_lib_list.do?libDstinCd=47

[그림 33] NCS에서의 공적개발원조사업관리의 능력단위 화면 예시　　　088
　　국가직무능력표준(2024). NCS학습모듈 검색-사업관리-공적개발원조사업관리.
　　https://www.ncs.go.kr/unity/th03/ncsResultSearch.do

[그림 34] 직무수행능력 평가 유형 및 준비전략　　　089
[그림 35] 경험 면접을 위한 역량별 경험사례 정리　　　091
[그림 36] "문제해결능력"을 평가하기 위한 경험 면접 예시　　　091
　　한국산업인력공단(2020). NCS 기반 능력중심채용모델-취업 준비생 기본·심화교육자료

[그림 37] 경험사례의 차별성 높이기　　　부록
[그림 38] 발표 면접 전략 파악하기　　　부록
[그림 39] 발표 면접을 위한 논리적 표현 기술의 예시　　　093
　　한국산업인력공단(2022). 2022년 능력중심채용모델 청년 구직자 가이드북.

[그림 40] 토론/상황 면접 종류 및 특징　　　094
　　한국산업인력공단(2022). 2022년 능력중심채용모델 청년 구직자 가이드북.

[그림 41] 핵심 역량 관점에서 본인의 강점 어필 전략　　　095
[그림 42] 면접 시 자주 나타나는 부정적 행동 예시　　　096
　　한국산업인력공단(2022). 2022년 능력중심채용모델 청년 구직자 가이드북.

[그림 43] 채용 평가 프로세스 설계 시 고려할 사항　　　100
　　한국산업인력공단(2022). 2022년 능력중심채용모델 인사담당자 가이드북.

[그림 44] 채용 평가 프로세스 설계 시 고려할 사항   105
    한국산업인력공단(2022). 2022년 능력중심채용모델 인사담당자 가이드북.
[그림 45] 채용절차의 공정화에 관한 법률(약칭 : 채용절차법)   106
[그림 46] 채용절차법 등 위반 사항 확인 및 적용   109
    한국산업인력공단(2022). 2022년 능력중심채용모델 인사담당자 가이드북.
[그림 47] 직무분석-채용 직무기술서-선발전형(평가도구)와의 연계   111
    한고용노동부, 한국산업인력공단(2023). 공정채용 컨설팅 가이드북.
[그림 48] 직무수행능력 선발기준 선정 및 평가도구와의 매칭   111
    한국산업인력공단(2022). 2022년 능력중심채용모델 인사담당자 가이드북.
[그림 49] NCS 활용 채용 단계별 평가 요소 설계   112
    한국산업인력공단(2022). 2022년 능력중심채용모델 인사담당자 가이드북.
[그림 50] 평가 요소를 고려한 선발전형 설계   114
    한국산업인력공단(2022). 2022년 능력중심채용모델 인사담당자 가이드북.
[그림 51] 능력중심채용모델의 필기전형 문제 샘플   117
    NCS홈페이지(2024). www.ncs.go.kr. 한국산업인력공단.
[그림 52] 직무능력 평가기법 결정 및 전형별 평가형식 설계   119
    한국산업인력공단(2022). 2022년 능력중심채용모델 인사담당자 가이드북.
[그림 53] 평가 요소에 대한 평가지표 도출(예시)   120
    한국산업인력공단(2022). 2022년 능력중심채용모델 인사담당자 가이드북.
[그림 54] 선발시스템의 설계 원칙   124
    한국산업인력공단(2022). 2022년 능력중심채용모델 인사담당자 가이드북.
[그림 55] 채용 공고문 작성에 필요한 사항   128
    한국산업인력공단(2022). 2022년 능력중심채용모델 인사담당자 가이드북.
[그림 56] 입사지원서에 인적 사항 요구 금지사항 파악   130
    한국산업인력공단(2022). 2022년 능력중심채용모델 인사담당자 가이드북.
[그림 57] 자기소개서 양식   133
[그림 58] 입사지원서에 인적 사항 요구 금지사항 파악   134
    한국산업인력공단(2022). 2022년 능력중심채용모델 인사담당자 가이드북.
[그림 59] 경험·경력 기술서   135
[그림 60] 직무설명서(직무설명자료) 통한 면접 평가 요소 선정 및 매칭   142
    한국산업인력공단(2022). 2022년 능력중심채용모델 인사담당자 가이드북.
[그림 61] 직무설명서(직무설명자료)의 태도와 직업기초능력과 면접도구 매칭   144
    한국산업인력공단(2022). 2022년 능력중심채용모델 인사담당자 가이드북.

〔그림 62〕 채용검증 의뢰 절차　　　　　　　　　　　　　　　　**146**
　　　한국산업인력공단(2022). 2022년 능력중심채용모델 인사담당자 가이드북.

〔그림 63〕「인사분야」경력개발경로　　　　　　　　　　　　　　**152**
　　　한국산업인력공단(2022).「인사분야」직무 멘토링.

〔그림 64〕「인사분야」국립대구과학관 직무기술서(예시)　　　　　**157**
　　　한국산업인력공단(2022).「인사분야」직무 멘토링.

〔그림 65〕「IT분야」경력개발경로　　　　　　　　　　　　　　　**166**
　　　한국산업인력공단(2022).「IT분야」직무 멘토링.

〔그림 66〕「IT분야」한국수력원자력 직무기술서 예시　　　　　　**172**
　　　한국산업인력공단(2022).「IT분야」직무 멘토링.

참고문헌

- 고용노동부, 한국산업인력공단(2018), 블라인드 채용 가이드북
- 고용노동부, 한국산업인력공단(2023), 공정채용 컨설팅 가이드북
- 국가직무능력표준(NCS) 홈페이지(2024), NCS학습모듈검색, https://www.ncs.go.kr
- 김면식, 김순호, 이선옥, 이승철, 최승규(2023), 이제부터는 공정채용이다, 박문각
- 김진실(2023), 우리나라 직무능력 채용 표준화 도구 개발·개선의 수요조사-
  '23년 능력중심 채용모델 신규·고도화 직군 및 요구를 중심으로-,
  취업진로연구, 13(4), 69~88
- 김진실(2024), 한국의 SkillsFuture(스킬즈퓨처), 애플북
- 시온리서치(2020~2022), NCS 및 블라인드 채용 인식조사, 한국산업인력공단
- 워크넷(2024), 대학 전공별 진로가이드, 한국고용정보원
- 이상민, 유규창, 신유형, 강민철, 오재원, 이아영(2018), 편견없는 채용·블라인드 채용
  실태조사 및 성과분석, 한국산업인력공단
- 이선구(2015), 역량평가 역량면접, 리드리드 풀판
- 이승철, 어수봉(2017), 신입직원 선발시스템 개선에 관한 탐색적 연구: H공사 사례를
  중심으로., 경영컨설팅연구, 17, 255~268, 55-268
- 인리치(2022), 직업기초능력 면접카드,
- HR 인사이트(2022), HRM vs HRD 차이점, 무엇이 다를까?
- 한국고용정보원, 한국산업기술진흥원, 2023, 업종별 일자리 전망
- 한국산업인력공단(2020), NCS 기반 능력중심채용모델-취업준비생 기본·심화교육자료
- 한국산업인력공단(2022), 2022년 능력중심채용모델 청년구직자 가이드북
- 한국산업인력공단(2022), 「인사분야, IT분야」직무멘토링
- 한국산업인력공단(2023), 능력중심채용모델 개발 및 보급 사업 성과와 향후 운영계획
- 한국산업인력공단(2024), 능력중심채용모델
- 한국산업인력공단(2024), NCS홈페이지(www.ncs.go.kr)
- 한국산업인력공단(2023), 능력중심 채용모델 개발 및 보급 사업 성과와 향후 운영 계획
- 황은희(2024), 면접 트렌드 이해와 유형별 대응전략, 한국기술교육대학교 능력개발교육원

김진실의 NCS 취업(채용) 코칭솔루션

지은이	김진실
발행인	김미혜
발행처	한국스킬문화연구원
발행일	2024. 06. 20
출판사	도서출판 애플북
ISBN	979-11-93285-21-3 (13370)
디자인	주식회사 에버아이

이 책은 저작권법에 따라 보호받는 저작물이므로
무단 전재와 무단 복제를 금지합니다.